U0098979

金塊文化

金塊文化

幸福人生，很容易

成功學大師卡內基寫給女人的快樂魔法書2

戴爾・卡內基◎著 亦辛◎編譯

前言

很多女人終其一生都在思考這樣的問題：什麼是幸福？怎樣的女人才能稱得上幸福？是擁有一群無話不談的好姐妹、擁有自給自足的生活資本，還是擁有一個事業、金錢、地位都讓人豔羨的丈夫？

其實這些都可說是幸福的源泉，但也許這些你都得到了，卻依然感覺不到幸福和快樂，這究竟是怎麼回事呢？多數女人終其一生，對幸福和快樂的追求始終不曾停止過，但是只有那些聰明的女人能真正得到幸福和快樂，因為她們知道幸福和快樂其實很簡單，簡單到僅僅是自己知道自己想要過怎樣的生活，明白自己想要的到底是什麼。

著名的成功學大師戴爾·卡內基，被稱為美國現代成人教育之父、人性教父，受益於他的課程的人不乏軍政要員，甚至包括幾位美國總統，當然，有許多女性也從他的教育中獲益，她們從此擺脫了憂鬱、自卑、狂傲，戰勝了沮喪、畏懼、磨難，從此開始掌控自己的情緒、增強自己的吸引力，做個丈夫離不開的女人。正是這種積極主動、樂觀向上的態度和行為，使得她們感知幸福和快樂的觸覺變得敏銳，從而讓幸福和快樂時刻縈繞在自己身邊。

女人，是這個世界最炫目的色彩；青春，是女人最值得炫耀的資本。但是當青春隨著歲月流逝，聰明的女人知道，沒有美麗的青春和容顏，還可以培養深層的魅力。卡內基告訴女人，任何時候，拯救你的只能是你自己，所以，學會經營自己、駕馭自己的女人，才會找到真正的幸福與快樂。

閱讀本書，能幫助你找到尋求幸福和快樂的良方，但需要指出的是，美好生活要靠自己去創造，幸福和快樂也不是逐字閱讀一本書就能馬上實現的，即使是卡內基在你面前，他能給你的也僅僅是一些建議，對於這些建議，如果你不去實踐，仍是毫無所獲。

這是一本送給所有渴望獲得幸福和快樂的女性的心靈聖經，真心希望走進本書的每一位女性都能夠敞開自己的心扉，接受不幸，改變不盡如人意的現狀，收穫那企盼已久的幸福和快樂。

目錄

C·O·N·T·E·N·T·S

第1章

增加吸引力，讓他主動喜歡你

每個女人都渴望得到美好的愛情。夢中的那個他何時才會出現，如何才能被心儀的男子發現，怎樣才能讓真命天子主動喜歡上自己……要解決這些問題的方法很簡單，那就是增加自己的吸引力。

女人一定要有情調

我想向女士們提一個問題：「男人們最喜歡的女人到底有哪些共同的特點呢？」女士們也許會說：「你不是一直在說這個問題嗎？男人當然喜歡有魅力的女人。」是的，男人喜歡有魅力的女人，那麼有魅力的女人到底是什麼樣的呢？魅力的定義是很多種，但不管怎樣定義，我想情調都是一個魅力女人不可缺少的特質。

我的朋友達勒．赫斯一直認為自己是個有著高貴血統的英國貴族，他是一個奇怪的人，對待感情特別挑剔。很多漂亮、富有、有身份的女性都追求過他，可是沒有一個能讓他看上眼，用他自己的話來說：「我是一個貴族後裔，只有那種讓我有怦然心動的感覺的女人，才能做我的妻子。」一天，達勒突然來我家，身邊還有一位我從未見過的女士，一進門，達勒就激動地告訴我：「戴爾，快過來，我給你介紹我的未婚妻安蒂，我們快結婚了！」雖然我已經看出一些端倪，但是達勒的話還是讓我感到很吃驚。

我很好奇，安蒂究竟是怎樣征服我的這位挑剔的朋友的。她說不上漂亮，更談不上有什麼高貴非凡的氣質，我很不理解，達勒這個狂傲的傢伙怎麼會被這樣一個普通的女人迷住。吃晚飯時我忍不住問達勒：「老朋友，給我講講你們的戀愛史吧。」達勒滿臉幸福地說道：「第一次見到安蒂是在朋友的舞會上，當時我就被她與眾不同的氣質吸引住了。戴爾，你知道嗎？那些為了讓自己出風頭的女人，參加舞會時總是在脖子上、手指上、耳朵上掛滿了首飾，可是，一看到她們俗氣到極點還穿價格不菲的晚禮服以及臉上讓人望而生畏的濃妝，我就想要嘔吐。」停了停，喝了一口茶，達勒又接著說：「可是安蒂明顯和那些女人不一樣，她的妝淡淡的，身上飾品不多，卻每一件都很吸引人，最吸引我的還是她那套晚禮服，那是一件清新脫俗、手工製作的晚禮服，我情不自禁地走到了安蒂身邊和她攀談起來。那晚之後，我發現自己深深地愛上了她，我從來沒見過如此有情調的女人，她的生活簡直太完美了！她看淡物質，認為只要自己喜歡，什麼樣的生活都很有樂趣。她的衣服幾乎都是自己設計的，她說那樣感覺很獨特。她也喜歡穿著休閒服坐在餐廳吃晚餐，她說這讓她感覺很放鬆。她的情調讓我深深著了迷，我決定向她求婚。」

女士們，妳在安蒂身上學到了什麼？安蒂並非買不起一身像樣的晚禮服，她只是認為那樣過於俗套。安蒂對生活獨特的品味讓生活充滿了情調，也正是這種情調，俘虜了我那位傲慢的朋友的心。

別以為男人粗獷的外表下就沒有一顆渴望浪漫的心，男人渴望浪漫的程度其實並不亞於女人，因此，有情調的女人很容易打動男人的心。情調是浪漫的催化劑，是一種對生活品質的追求，是一種有品味的文化消費。而情調指的到底是什麼呢？在高級餐廳享受美味，品嘗紅酒，這是情調；安靜地坐在音樂廳欣賞交響樂是情調；悠閒地坐在咖啡館喝咖啡，也是情調。女士們不高興了：「卡內基先生，我們可不是有錢的千金小姐或闊太太，我們才不會捨得花半個月的薪水來做一回什麼有情調的女人。」

女士們，我又要批評你們的思想有偏差了。實際上，情調並不一定要和上面那些高級場所聯繫起來，情調也並不是一種奢侈的享受。情調可不是專屬於富人而與普通人無緣，它指的是一個人對生活的品味，是一種思想感情自然流露出的格調，和金錢、地位沒有一點關係。

前不久，我的表弟卡爾從老家密蘇里到紐約找我，他可不是為了來探訪我，而是專門來找我訴苦的，他失戀了。我明白愛情對年輕人來說有多重要，所以我不停地安慰他：「卡爾，沒關係的，失戀很正常，這也是每個人一生必然要面對的。能說說你們為什麼分手嗎？好像在我的印象裡，娜塔善良、溫柔，還很漂亮。」卡爾紅著眼睛回答我：「表哥，她真的是一個很不錯的女孩，但我和她在一起真的很不開心，她的生活沒有一點情調，這讓我很不能接受。在我們約會時，為了顯得浪漫，我常常提議去一些格調高雅的餐廳，可娜塔總說那樣會花很多錢，還不如在家裡自己煮來吃。我想，家裡也行，還是可以弄得很浪漫，可娜塔總是胡亂地煮一些東西，然後隨便地把食物放在盤子裡，這讓我很失望。又一次，我提議我們在家弄一頓浪漫的燭光晚餐，可她卻說太黑了看不見，怎麼吃東西。吃完飯後我又提議我們可以跳一支舞，可她說還有很多家事要做，沒時間。我想把房間佈置得溫馨浪漫一點，她說那是花冤枉錢。我承認我愛她，可是我不得不選擇放棄，因為我相信我們在一起一定不會幸福。」

女士們，我的想法和你們一樣，娜塔並沒有錯，她所做的一切都是為卡爾著想。只是她沒有想到，她的這種好心卻傷害了卡爾，因為卡爾希望有一段浪漫的戀愛經歷。這個結局挺讓人遺憾的，一對原本相愛的年輕人卻因為愛情以外的因素而分手了，可這樣的結局也是不得已的。

美國著名的心理學家唐納德．卡特建議大家多些情調，「現在我們面臨的壓力很大，很多人都不堪忍受。所以，不分男女，都需要找到一種方法來緩解這些壓力。而我認為，讓生活充滿情調是最好的也是最有效的方法。情調不僅能讓生活變得多姿多彩，而且能讓人從中體會到快樂，最重要的是這些並不需要花費你很多錢。」

女士們，你們這一生要扮演很多角色，女兒、女友、妻子、母親，只有當你們擁有一顆熱愛生活的心，學會用情調來讓自己的每個角色都做得盡善盡美，你的生活才能真正幸福美滿。當你發現自己及身邊的人都因此心情明媚了許多時，你就會知道，這樣做很值得。一個有情調的女人知道自己需要的是什麼，她們會把自己的生活安排得井井有條，也會盡力去維護好生命中最重要的東西。一個有情調的女人知道如何真正地去愛別人，知道怎麼才能讓自己真正地快樂起來，而只有當你快樂了，你身邊的男人才會快樂。快樂在愛情中是個不可缺少的元素。

兩個人相互喜歡，相互幫助，然後組建一個幸福的家庭，最後生兒育女，相伴終生。這是所有人都期望的愛情最高境界，然而要達到這樣的境界，最不能缺少的就是情調。愛情是一個浪漫的詞語，如果沒有情調的調劑，它將會變得枯燥乏味。

想要做一個真正有情調的女人，女士們還得自己去摸索、探尋。要知道，沒有男人不喜歡有情調的生活，他們更加渴望有情調的愛情。所以，女士們想要讓心儀的男人為你著迷，就一定要做一個有情調的女人。

女為悅己者容

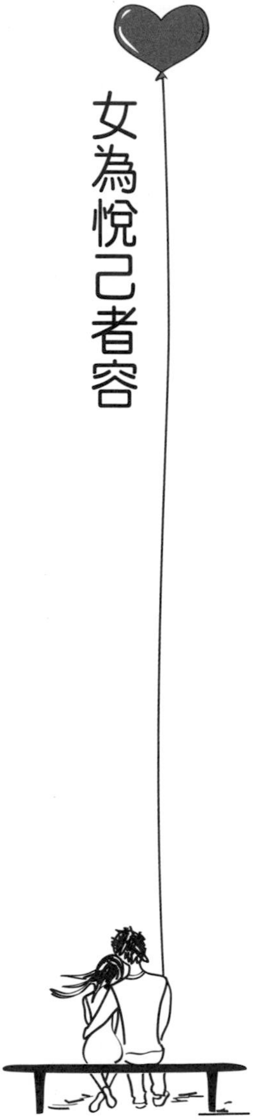

相信大部分女士在趕赴約會之前都會抓緊一切時間精心打扮自己，她們都希望讓喜歡的男人看到自己漂亮的一面。這絕對不是虛榮，更不能和虛偽扯上關係，這是一種很正常的心理，女人都以在男人面前「炫耀」魅力為榮。

當然，也有那麼一小部分女性，她們不會也不願浪費時間去打扮，這是一群獨立而且自尊心比較強的女士，她們認為取悅男人是一件恥辱的事情。她們中還有一部分是女權主義者，她們更不會為了男人去梳妝打扮，她們是這樣想的：「我做什麼，我什麼樣，都是我自己的事，你喜歡就喜歡，不喜歡就拉倒。我的一切和任何一個男人都沒有絲毫關係，即使是我所愛的男人。」

我不想給女士們這樣的想法輕易下結論，只是作為一名還算成熟的男性，我真心奉勸你們最好早點兒放棄這樣的想法，因為這樣的想法只能說明你還沒有做好爭取愛情的準備。男女之間產生愛情的第一步就是感官上的認識，如果沒有良好的第一印象，兩個人繼續交往將是一件很困難的事。雖說真愛不能以外表來衡量，我也承認虛有其表的愛情不是真愛，但女士們也得承認，良好的外在印象確實不容忽視。

一個大型的婚姻介紹所通過調查得出這樣一個規律：那些雙方都很重視約會，並且願意為約會精心打扮一番的男女，最終走入婚姻的成功率要遠比那些有一方或雙方都不願打扮的男女的成功率高得多，特別是女方在約會時若不注意修飾自己的話，那麼第一次約會的成功率就很小。我想這不能說是男人們很膚淺，其實男人們是覺得一個女人不化妝、穿著隨便去赴約的行為是對自己的輕視，從而也就放棄了和她繼續交往的想法。

女士們，男人是一種自尊心很強的動物，特別是在女人面前，他們會更加希望自尊得到滿足。所以女士們，穿上自己精心挑選的衣服，化上適宜的妝，這樣的做法並不是為了取悅男人，而是對男人們的一種尊重，是為了滿足男人自尊心的一種做法。當一個男人的自尊心被滿足了，你就已經把這個男人征服了一半。不用懷疑，男人們有時真的就是這麼簡單的動物，他們會把自尊心看得高於一切。所以女士們，為了自己喜歡的男人，打扮自己並不過分，當他看見你是如此重視他，他會很高興，你也更容易贏得他的青睞。

記得有一次我和陶樂絲在一家餐館吃飯，其間，坐在我們不遠處的一對青年男女發生了爭吵，根據他們爭吵的內容，不難判斷他們是一對熱戀中的情侶。男人很不滿地對女人說：「你的頭髮是怎麼回事，像個雞窩一樣，難道你就不能換一個髮型嗎？」女人有些委屈地說：「這可是今年最流行的髮型，你不喜歡嗎？」「什麼流行不流行，難道你不知道你最適合長髮披肩嗎？再看看，你穿的究竟是什麼？不能穿得淑女一點嗎？你知不知道你把自己打扮得像個舞女！」因為氣憤，男人的話有些過分了，女人也生氣地喊道：「什麼？舞女？我像舞女？那你為什麼還和一個舞女一起吃飯？我為了給你一個驚喜，準備了整整一個星期，可你一句好話也沒有，還說我像個舞女！」男人不甘示弱地說：「真是太驚喜了！以前好好的，幹嘛非得弄成這樣？難道你不知道我喜歡淑女類型的嗎？天啊，我怎麼會和你這樣一個女人在一起！」最後，這對戀人不歡而散。

我和陶樂絲親眼目睹了這場戰爭，我們相視一笑，「親愛的，你覺得導致這場爭吵的主要責任在哪一方？」我問陶樂絲。陶樂絲笑了笑說：「都對，都不對。男人應該站在女人的角度去為她想想，而那個女人既然為了男人那麼費心打扮自己，就應該根據男人的喜好。親愛的，他們真應該去上你的輔導課，學習一下究竟該如何與對方相處。」我也笑了，「親愛的，你說得沒錯，但我覺得更大的責任在那個女人身上。我並不是說一定要女人為男人付出，只是我覺得那個女人的確更適合淑女裝，而既然她本身適合，男朋友也喜歡，為什麼就不能讓一步呢？要想得到一個男人的心，這要求並不過分。」

女士們，我寫這篇文章的目的就是想要教會你們如何主動出擊，為自己獲得一份渴求已久的愛情，也正是因為這樣，所以我才要求你們改變自己。女士們容易有這樣錯誤的觀點，那就是她們認為只要是自己喜歡的，自己覺得好的，那麼對方也一定會喜歡。但是女士們，每個人的審美觀都是不一樣的，特別是男人在看待女人時往往有一套他們自己的審美觀，如果你們不能顧及男士們的想法，執意要根據自己的意願來梳妝打扮的話，結果往往達不到你想要的目的。

《少男少女》雜誌上曾刊登了一篇人際關係專家約翰．查爾頓的文章，其中有這樣一段話：「我建議女孩們按照男孩的意願來打扮自己，也許你會覺得有一點委屈，但卻可以讓你心中理想的對象更加愛你。調查表明，青年男女戀愛成功的第一個前提就是讓對方有一種愉悅感。按照心理學的說法，男人看到一個女人願意為了自己而改變，那麼他就會認為這個女人十分愛他，所以，他們通常會選擇這樣的女人，因為沒有男人不希望自己有一個懂事的妻子。」

亨利是華盛頓一家大公司的總經理，像他這樣年輕、帥氣、有能力的單身男性，自然是女士們心中的搶手貨，追求他的女性不計其數，可沒有一個女人能打動他的心，大家在背地裡叫他「冰山王子」，他也曾親自對外宣稱自己將終身不娶，他堅定地認為沒有一個女人值得他去愛。

然而幾天前，《華盛頓郵報》刊登了亨利馬上就要結婚的消息，一時間，大家議論紛紛。大家都很期待要看看這個讓「冰山」融化的神奇女子，一定是美若天仙，也許還出身名門。就在婚禮舉行當天，新娘讓大家都大吃一驚，她並沒有天仙的美貌，也不是名門之後，以前還不過是亨利手下的一個小職員而已。

當大家問及這段感情時，亨利直言不諱地說：「我是被她對我深深的愛打動了，我相信這個世界上不會再有一個女人這樣愛我了。」

這女孩以前只是辦公室裡一個普通的打字員，和辦公室裡很多女孩一樣早對亨利有傾慕之情。不過，她很有自知之明，她知道自己配不上亨利，他們也不可能在一起，所以她從沒有向任何人透露過自己的秘密，可這並不妨礙女孩一直都想為亨利做點什麼。

因為在一起工作的原因，女孩多少知道亨利的一些喜好，她知道亨利不喜歡女孩子太瘦，因為那樣看起來很不健康。所以，本來很瘦弱的她開始調整體質，一下讓自己的體重多了好幾公斤；她知道亨利不喜歡化濃妝的女孩，所以她每天的妝總是淡淡的。有時，就因為自己穿了一件讓亨利說了一句不錯的衣服，她就會毫不猶豫地一口氣買下很多件這個類型的衣服，甚至有一次，亨利無意中說覺得有些女孩臉上的痣很影響整體美觀，結果女孩居然回家用刀把自己臉上的痣割掉，她的臉上因此還落下了一個疤。後來亨利知道了這一切，他很感動，他覺得一個女人能為自己這樣改變是很難的，而且他理想中的妻子就應該是這樣為他付出一切的女人。於是他的心也向她敞開了，經過一段時間的相處，他發現這個女人還有很多自己喜歡的地方。就這樣，兩個人終於走進了婚姻禮堂。

也許這個女孩為愛的付出是瘋狂了一些，可是她得到了自己心愛的人，我想她也從沒有後悔過。其實還有很多愛慕亨利的女人，她們也都拼命地打扮自己，只是她們都沒有找對方向，完全按照自己的喜好，或是拼命減肥，或是每天濃妝豔抹，穿著暴露，她們確實盡力了，只是她們的做法恰巧是和亨利的喜好背道而馳，不但得不到亨利的注意，反而讓他覺得反感。

女士們，既然你們知道打扮會讓自己得到更多的青睞，也希望自己的努力能得到意中人的肯定，那麼你為何不在打扮自己時稍微遷就一下他的喜好呢？但是話又說回來，這種付出也是需要底線和前提的，女士們肯定也不能為了讓男人開心就做一些自己很不願意的事。一旦你遇到有特殊癖好的男人，而且你沒有拒絕他的話，那麼恐怕你也不會有什麼幸福可言。

羞澀是俘獲男人的良藥

心理學家唐納德．魯卡爾做過這樣一個調查：對隨機抽取的一千名成年男性提問，讓他們說說自己心中美麗女人的標準是什麼。結果，大家對美麗的標準似乎都不太一樣，有的說當然是臉蛋漂亮，有的覺得S型身材的女人讓人過目不忘，有的說格調高雅很重要，有的說獨特的氣質最漂亮。於是唐納德又讓一千名男性回答他們認為女人在什麼狀態下最美麗，結果一千名男性的回答幾乎是一樣的，他們一致認為，女人羞澀時最美麗。其後，唐納德就此發表了一篇調查報告，其中一段這樣寫道：「我相信，所有的男人最無法抗拒的就是女人的羞澀。女人吸引男人的方法各種各樣，但不管什麼方式都不能和羞澀相比。我可以很肯定地告訴大家，懂得羞澀的女人永遠都是最美麗的，也是最有魅力的。」

對現代人來說，如今這個競爭激烈的社會，讓人不能羞澀，因為羞澀會讓你找不到好工作，沒有高工資，得不到升遷，飯都沒得吃了，還羞澀什麼？你害羞，那就等著被排擠出激烈的競爭……很多美國女性都有這樣的想法，並不是我隨便瞎說的。很多女士都認為只有性格潑辣一點，做事果斷一些，像個男人一樣大膽開放，才能在這個社會上生存得更好。至於羞澀，那是離她們很遙遠的東西。

女士們有這樣的想法並沒有錯，確實，現在這個社會不管遇到什麼事，如果不能自己主動去爭取的話，那麼真的很難獲得成功。羞澀有多重要？著名的專欄作家狄卡爾．艾倫堡是這樣說的：「羞澀是人類特有的表現，除了人類以外的任何動物，即使是最接近人類的黑猩猩，也不會知道什麼是羞澀。羞澀是人類最天然、最純真的情感表現，它常常與帶有甜美的驚慌、緊張的心跳相連。當人們感到羞澀的時候，臉上往往會泛起紅暈，而面帶紅暈的女人正是最迷人的，羞澀的女人就好像一支嬌豔的花朵，散發出的魅力讓人無法抗拒。」

前不久，我參加了被稱為紐約「商界奇才」約翰．德克里的婚禮，這是一個隆重而充滿浪漫氣氛的婚禮，新娘很漂亮，特別是她小鳥依人地依偎在新郎身邊的時候，讓人覺得這簡直就是一幅美麗的畫。當婚禮儀式結束後，在場的來賓一致要求德克里講述一下他們的戀愛史，顯得有些激動的德克里很高興地回憶起他們甜蜜的相識：

「我是在一個舞會上認識我妻子的，那次舞會有很多迷人、美麗的女士，我的妻子在其中根本不起眼。也算是命運的安排吧，我看見她一個人沒有舞伴，所以就禮貌性地邀請她一起跳舞，也就是這個時候，我的心被她俘虜了。我走到她的面前，禮貌地對她說：『小姐，能和我跳支舞嗎？』我妻子當時很害羞地低下了頭，臉上泛起了紅暈，怯生生地對我說：『先生，對不起，我舞跳得不好，我怕會出醜。』我當時甚至覺得時間在那一刻停止了，我面前站著的好像是一個天使，我確信那是我聽過最美妙的聲音。也不知道為什麼，我認為我已經愛上了她。然後，我對她展開了瘋狂的追求。」

「最初，我的邀請和禮物總是被她拒絕，可我並沒有也沒想過要退縮，她的這種羞澀真是太讓我癡迷了。於是，我更加頻繁地約她，送她禮物，並發動了她幾乎所有的親友幫助我。最後，當我把求婚戒指擺在她面前時，她終於被我的真誠打動。當時她的臉紅得像個蘋果，由於太過緊張，她不停地喘著粗氣。那時，我覺得自己幸福極了，因為我終於可以娶到我面前這個世界上最美的女人。」

看著約翰一臉幸福的樣子，我們都知道他是真的找到了真愛。我們可以做一下假設，假如當時他的妻子不是很靦腆、很羞澀，而是異常興奮地對他說：「噢，天啊，你就是商業奇才約翰．德克里吧？你知道嗎？我注意你很久了，你真的很棒，我把你當成是我的偶像呢。來吧，讓我們一起跳支舞。對了，有興趣舞會結束後去喝點兒東西嗎？」我想那位商界奇才一定會被嚇得逃之夭夭。

康得曾說過：「羞澀是大自然蘊含的某種特殊的秘密，是用來壓制人類放縱的欲望的。它跟著自然的召喚走，並且永遠都與善良和美德在一起。」特別是對於女性來說，羞澀可算是你取得非凡魅力的一件寶物，它會讓你具有特別的風韻和風采。羞澀是屬於女性的，也是女性的特色之美，我們可以試想一個常會顯出羞澀的男性，往往是有些狼狽，甚至是可笑的。

很多藝術家都深知這個道理，所以他們把眼光都放在了女性的羞澀美上。《柯尼德的阿弗羅狄忒》和《梅迪奇的阿弗羅狄忒》是著名雕刻家伯拉克西特列斯的優秀作品，這是頗受好評的兩幅畫，而它們反映的也都是女性的羞澀之美。懵懂產生美，羞澀就是這麼一層神秘的輕紗，輕輕披在女人的身上，讓她們看起來有一種朦朧感。不管什麼樣的男人，甚至一個看慣女人胴體的男人，對於女人表現出的羞澀，都會讓他們沒有抵抗力。那樣含蓄的美是很有誘惑力的，它能激發男人無窮的想像力，會讓男人對你如癡如醉，癡狂不已。

斯泰爾夫婦是一對讓人羨慕的夫妻，他們結婚三十年了，可是每天都過著猶如初戀般的日子。兩人總會經常想辦法製造驚喜，他們幾乎每天都手牽著手到附近的小樹林中散步。對很多夫妻來說，結婚後再說讓人肉麻的情話幾乎是不可能的事，但在斯泰爾夫婦看來，那是很正常也很有必要的。斯泰爾先生毫不忌諱地說，他每天晚上都要對他的妻子說：「晚安，我的甜心。」

這確實很不可思議，這對老夫婦究竟是用什麼辦法保持住了愛情的新鮮感呢？為了得到滿意的答案，我專程去拜訪了斯泰爾先生。斯泰爾先生對我說，她妻子是個天生靦腆的女人，很容易不好意思，就算是他們結婚以後，妻子在這方面也沒有多大的變化。有時斯泰爾先生送她一件小禮物，她都會臉紅，還會輕聲說謝謝。斯泰爾先生對妻子這個在外人看來不太正常的現象卻感到如癡如醉，沉迷其中。因為妻子這樣的表現，總讓他感覺她還是以前戀愛時那個可愛的小女孩，所以他總是盡力討好她，想讓她開心，因為他實在很陶醉於妻子羞澀時的樣子。

我又以同樣的問題採訪了斯泰爾夫人，讓我大吃一驚的是，這位斯泰爾夫人一點也不靦腆，而且還十分健談。當我把她丈夫的話轉告給她時，斯泰爾夫人會心地笑笑說：「當我還是個小女孩的時候確實很害羞，可現在都過去那麼多年了，我早就不是那樣了。只是，我知道我丈夫非常喜歡以前那個膽怯的、愛紅臉的小女孩，所以我就在他面前盡力保持原來的樣子。這個方法真的很有效，我丈夫總把我當成當年那個小女孩，一直對我很好，總是給我小禮物、小驚喜，還對我有說不完的甜言蜜語。」

聽完斯泰爾夫人的話以後，我對女人的羞澀有著驚人的魅力和功能更加深信不疑。羞澀確實可以喚醒兩性關係中的精神因素，這個世界上，沒有比女人的羞澀更美麗的色彩。

很多女士現在已經開始躍躍欲試地等待我傳授一些如何使自己顯得羞澀的方法給她們了，可是我要對女士們說抱歉了，因為我確實沒有什麼好的方法能提供給你們。我只能告訴你們，其實沒有必要刻意去學習，因為羞澀是女人的天性。你只需要想一想，你們第一次接吻，第一次約會，還有他向你求婚的時候，你那時是什麼樣的感覺？其實那樣的感覺就是真正的羞澀。

另外，我還想提醒女士們應該注意以下兩點。

第一點就是不要認為羞澀就是不好意思，甚至是膽怯。溫柔和懦弱不是一回事，同樣羞澀和懦弱也不是一回事，別為了想要達到羞澀而一味地退讓、妥協、不敢出擊，那樣的做法是得不償失的。

第二點也很重要，那就是羞澀既然是一種天性，自然需要你自然流露，那種刻意表現出來的羞澀不但不會給人美感，反而會使人們厭惡。

女士們，別在現實的世界把那些最樸實的東西遺失了，發自內心最純真的羞澀，會讓你擁有意想不到的魅力。

讓你的眼神更具吸引力

各位女士，不知道在此之前，你們是否注意過眼神的效應？當你心儀的男人含情脈脈地看著你時，你會如何回應？很多沒有意識到眼神能發揮無限效應的女士們，在此之前是不是錯過了很多絕佳的機遇呢？

兩性心理學專家克頓．帕沃爾是這樣勸說女士們的：「很多女士在面對男人的好感時，回應的方式只能是通過語言或肢體，還有的認為，很多女士因為害羞而不好意思做出明確的回應，以至於錯過了很多抓住愛情的機會。其實，這都說明她們忽視了眼神效應的重要性，女士們可別低估了男人們的ＥＱ，很多時候，只要你通過眼神做出相應的反應，男人們完全是可以心領神會的。」

唐納是紐約一家大證券公司的經理，因為工作很忙，所以一直還是單身。看著身邊的朋友一個個都已經結婚生子，唐納先生終於開始擔心起自己的婚姻問題。為此，他去報名參加了一些專為單身男女準備的派對，正是在這些派對上，他結識了現在的妻子凱瑞。

我問唐納夫婦是怎麼「電」到的，唐納先生說：「說真的，我們第一次見面時一句話都沒說。」「那你們是怎麼確定彼此對對方都有好感的？」我好奇地問。唐納笑了笑說：「也許說了你都不相信，整個派對我們都在用眼神交流。那是我第一次參加那樣的派對，因為我本來就是一個比較靦腆的人，所以根本不知道該怎樣去和女孩們搭訕。我只好拿著香檳，獨自一個人站在門邊，羨慕地看著那些談得熱火朝天的男女們。就在這個時候，我明顯地感覺到有一對眼神在不遠處注視著我。卡內基先生，我想你一定也有過這樣的感覺，我看了看周圍，發現在房間東南角坐著一位年輕漂亮的女孩，她正注視著我。當她看到我發現她的注視以後，並沒有退縮，還是依舊那樣看著我。那不是普通的注視，我知道，她是在告訴我她對我有好感。我也就一直那樣注視著她，我們還會意地朝對方點了點頭。派對結束以後，我們就開始戀愛了。」

唐納先生的故事讓我很感興趣，因為這真是我頭一次在現實生活中聽說兩個不認識的人通過眼神交流最後走在一起了。我已經知道了唐納先生當時的心境，所以我很有必要也要瞭解一下凱瑞女士當時的想法。凱瑞告訴我，其實她和唐納一樣，也是因為工作繁忙，讓婚姻問題一直沒有得到解決，朋友給她介紹了這個派對，說還不錯，她就決定去看看，就當給自己放鬆放鬆。

因為她也是第一次參加這樣的派對，所以她沒有去和別人搭訕。當她一個人坐在那裡喝酒時，她看見有個男士拿著香檳獨自靠在門邊，當時她就覺得自己對這個和其他到處找尋目標的人不同的男人產生了好感。所以當唐納發現自己在注視他的時候，凱瑞告訴自己，我一定要讓他知道我的心思，千萬不能錯過這個機會。於是她大膽地一直含情脈脈地注視著唐納，暗送秋波。最後，兩人心領神會，終於走到了一起。

唐納夫婦的故事就像一部充滿浪漫色彩的愛情小說，讓人有些難以置信，但它確實就發生了。他們的愛情告訴我們，要想獲得真愛就必須抓住機會，而抓住機會並不一定非要直截了當地告訴對方你的想法。事實上，當女士們將放鬆、大方的目光投向男士，然後再配上自己真誠、甜美甚至性感的微笑，那麼這個男人就知道你的想法了。如果他也覺得你很不錯，你們的目光碰撞在一起的那一瞬間，你們的浪漫愛情故事也就拉開了帷幕。

當然，眼神效應也是有技巧的，面對不同的情況、不同的男士，這裡面的學問還是值得你慢慢去探究的。當你遇見的是比較大膽開放的男士時，你就不必忌諱什麼，只要記住千萬不要膽小，也不要放棄，不要短暫交流後就環顧四周，你至少得讓自己苦心經營起來的充滿愛的目光在那個男人的眼睛裡停留六到七秒，這時，一般男人的腦子就已經成了一堆「漿糊」，完全處於一種飄飄然的狀態。緊接著，你就要以非常肯定的目光，暗示他並沒有理解錯。他完全明白過來了，也就理解了你的意思。這下，雖不能說大功告成，至少你已經拿到了打開愛情大門的鑰匙。

當然，還有一種「古董」式的男人，當他們在遇到那種有著放鬆且大方的眼神的女士以後會和別人說：「天啊，那真是個可怕的女人，誰敢和她交往下去？我姑媽明明說她是一個害羞的女孩，可當我用眼光偷偷觀察她的時候，發現她居然正在看著我，而且絲毫不躲避我的目光，一個正經的女孩怎麼可以這樣毫無顧忌地去看一個男人。」

面對這樣的男士，最好的方法就是讓自己的眼光「敏感」起來，因為在他們看來，女性的美就體現在溫柔、羞澀和靦腆之中。所以，如果你想要博得這種男人的青睞，那麼當他將目光投向你的時候，不妨快速地躲開他，然後再試探性地看他一眼。這時，這個男人會覺得你楚楚動人，而且還向他傳遞著模稜兩可的資訊，他甚至會覺得，你的目光很迷人，你正是他想要找尋的女孩。

男人是一種怎樣的動物呢？在他高興的時候希望有人和他分享，在他痛苦的時候希望有人和他共同承擔，在他身體不適的時侯希望有人照顧他……所以，眼神效應有時也需要跟著男人心情的轉變隨即發生相應的轉變，也就是要懂得對症下藥。他高興時，試著讓你的眼神表現出興奮；他痛苦時，試著讓你的眼神表現出同情；他生病時，你的眼神需要流露出關切。當一個人在心理傾向很明顯的時候，他的精神也會非常敏感，所以，只要按照我的方法去做，我敢保證，他們一定認為你是一個善解人意的好女人。

當然了，眼神效應也需要一個好的環境來相稱，那樣會比較容易達到事半功倍的效果。你想想，有誰會喜歡在一個惡劣的環境中談情說愛？當陽光明媚、空氣清新、遍地都是鮮花綠草，你嫵媚的眼神會讓任何一個正常的男人都不能抗拒這美景的誘惑。

最後，是我最想讓女士們學會的，卻也是最難學會的一個技巧，那就是從對方的眼神中分析出他的一些基本情況。對於一個你從沒有接觸過的男性，要單從他的一個眼神就分析出他對你的感覺，這完全需要時間和經驗的累積。

眼神最能反映出一個人的內心世界，女士們想運用好眼神效應，那就必須先學會讀懂男人的眼神。當一個男人對你動了真情，他的眼神一定非常純潔、坦蕩，你的微笑還有表情和他的眼神會很協調。這時，你就不該猶豫了，馬上對他拋出你充滿愛的眼神吧，讓他知道，你懂他的意思，並且接受他的愛意，而且你有著和他一樣的感覺。另外，還有一種善意的眼神，但卻不是想要對你表達愛意，而是屬於對你的欣賞，這樣的眼神若把握不好，女士們就常常會弄得很尷尬，因為這種欣賞的眼神往往給女士傳遞的只是他對你有好感的資訊，並不代表他會接受你的愛意，如果弄錯了，很可能會給對方留下你是在自作多情的感覺。所以，當你遇到這種情況時，一定要慎重考慮。

最後，還有一種最讓女士們不能接受的眼神，那是一種不懷好意的眼神。這樣的眼神讓女士們感覺到渾身不自在，如果這個男人再配上令人生厭的面部表情以及一些使人難堪的言詞和行為，一般吃虧的都會是女士。所以，面對這樣的眼神，你最好選擇迴避，不要去招惹，早走為妙。當然，如果你不願意逃避，那麼你也可以用堅定的、不容侵犯的眼神告訴他，他不軌的念頭是絕對不會得逞的。

我希望女士們都已經學會了大膽、靈活地使用眼神去向自己心儀的男人表達愛意，更希望每一位女士都可以得到自己夢寐以求的愛情。

溫柔女人惹人愛

這篇文章的開頭，我決定引用兩位大師的名言，一位是芝加哥著名心理學家麥克．肯特，還有一位是人際關係學大師斯蒂芬．霍爾曼。對於前一位，我想引用他說過的：「懂得如何運用自己溫柔的女人無疑是個聰明的女人，因為不管男人還是女人，都對女性的溫柔有著一種天生的好感。女人的溫柔無疑會給周圍的環境增添一些亮色和溫暖，並且讓身邊的人有一種情感找到歸依的感覺。」對於後一位，我想引用他說過的：「一個自私、貪婪、任性的女人，如果學會了溫柔，那麼她一樣可以交到很多朋友；但一個身上聚集著人類無數美德的女人，如果她不懂得溫柔，那麼她也不會受到很多人的歡迎。我不知道最根本的原因是什麼，但我知道人們都喜歡溫柔的女人，這的確是個事實。」

我之所以引用他們的話，是因為我很贊同他們的觀點。我曾經有過一次很不愉快的經歷，直到今日還記憶猶新。一天，我獨自一人坐在辦公室思考問題，突然一陣急促的敲門聲打斷了我的思路，我趕忙起身開門，門外站著一位迷人的陌生女士。我寧願相信剛才粗魯的敲門聲是我的秘書做的，但我的秘書今天放假。

進門後還沒等我開口，那位女士就大聲說道：「卡內基先生，您好！我叫露易斯，是一名汽車公司的推銷員，我想問您需不需換一輛新的汽車？」我搖了搖頭說：「謝謝，我並不需要，我……」「卡內基先生，請您不要這麼快拒絕我好嗎？」她突然大聲叫了起來，說實話，把我嚇了一跳。她接著說：「我們的汽車真的很不錯，售後服務也一定會讓您滿意。」我安撫了一下自己的情緒後，說道：「對不起，我真的不需要。」「什麼？」那位女士又大叫了一聲，我覺得自己的心臟已經有些受不了了。「請您再考慮一下好嗎？」女士有些激動了，「您再考慮一下吧！我能給您最優惠的價格，很划算的……」這時，我辦公室門口聚集了很多人，因為大家都以為我是在和那位女士吵架。我當時覺得很尷尬，於是對她說：「小姐，十分抱歉，我真的不需要。」在我的再三堅持下，那位女士才轉身離開。

那一整天我的心情都很不好，雖然知道自己實在不應該為了這樣的小事心煩意亂，但這真的讓人很不舒服。後來，我聽說那位女士換了很多份工作，但沒有一次成功。

我小時候，每次學校放暑假，我都會去姑媽家住上幾天，因為姑媽不僅會給我做好吃的馬鈴薯泥和烤牛排，還經常給我講一些好聽的、富含哲理的故事，我覺得姑媽是一個很有智慧的女人，所以我經常把一些自己想不明白的事情告訴姑媽，姑媽一定能給我最好的答案。我記得問過姑媽這樣一個問題：「姑媽，您說一個人很想得到一件東西的時候，最好的辦法是什麼呢？」姑媽沒有直接回答我，而是給我講了一個年輕人的故事。

有一個很喜歡吃魚的年輕人，因為家裡並不富裕，所以不能常常買魚吃，所以，他常會跑到村外的小河邊，看著河裡游來游去的魚說：「魚啊，魚啊，我很喜歡吃你們啊，可是你們要怎樣才能跳到我的餐桌上呢？」一天，村裡的一位長者路過河邊，看見在河邊發呆的年輕人，就問他：「年輕人，你在做什麼呢？」年輕人回答：「我很喜歡吃魚，可是買不起，所以我在觀察牠們，不知牠們什麼時候能跳到我的餐桌上？」長者笑了：「年輕人，為什麼不去行動呢？與其在這裡傻傻地看，還不如回家織一張漁網來捕魚。」

這個故事給我留下了很深刻的印象，我在寫這篇文章時，馬上就想到了這個故事，也許我的比喻不是那麼恰當，但我覺得就是那個意思吧。故事中的魚就好比是女士們中意的男人，而女士們就好比是那個想要得到魚的年輕人，你有坐在那裡終日空想如何得到男人愛情的時間，還不如趕緊行動起來，織一張能抓住男人心的「網」。

這張網最理想的材料是什麼呢？答案就是女士們的柔情。在前面我已經說過，溫柔的女人不僅可愛，而且受歡迎。溫柔是女士們想要成為所有人眼中魅力天使不可缺少的氣質，更是想獲得男人青睞不可缺少的資質。

美國家庭委員會主席德勒克．塔克博士經調查後發表聲明，有九〇％的男人在談論到自己心目中最理想的女性時，都覺得溫柔是個不可缺少的重要條件。曾有男人這樣說過：「如果有兩個女人在我面前讓我選擇：一個漂亮、性感、忠誠但脾氣暴躁，另一個則外表平庸、容易紅杏出牆但溫柔體貼，那麼我將毫不猶豫地選擇後者。」這樣的回答讓人有些不可思議，我也追問過男士們為什麼會有這樣的想法。他們給我的回答是：「外貌不能保持一輩子，紅杏出牆也許是因為我們自己做得不夠好。但如果要我每天對著一個喜歡大吵大鬧的女人，我想我一定會瘋掉的，我可不能給自己挖個坑還往下跳。」

我的培訓班來過一位因為得不到中意男士的青睞，想要放棄自己生命的學員。從她當時的表現我能感到她有多痛苦，所以我對她說：「女士，想開點，一切都會過去的，您會遇見更好的。」女士絕望地搖搖頭說：「不會的，沒有羅蘭（很顯然，羅蘭就是這位女士心儀的對象）我真的活不下去。卡內基先生，我真的很努力了，在此之前我也聽過您的課，也都照著您說的去做了，可是羅蘭依舊對我沒有任何回應。」我問她：「您都做了些什麼？」女士很委屈地說：「我不僅按照他的喜好打扮了自己，無時無刻不注意培養自己的情調，甚至還用了您所說的眼神效應和羞澀。我對他真的是體貼入微，關懷備至，只要我能做的我都做了，但就是一點用也沒有。我雖然算不上美女，但也看得過去吧，可我真不明白為什麼羅蘭始終對我冷冷淡淡。」當時我也感到很疑惑，按理說，如果羅蘭真是單身，而且這位女士也真的像我所說的那樣做了，他就沒理由不動心。這樣的情況讓我百思不解，所以我向這位女士要了羅蘭的聯繫方式，並邀請他共進午餐。

我看見羅蘭的第一眼，就知道為什麼那位女士如此瘋狂地癡迷於他了，他確實是一個很不錯的男人，年輕、相貌出眾，而且還風度翩翩。當我們坐下以後，我說明了來意，羅蘭搖了搖頭說：「其實，我知道她真的很愛我，也為我做過很多事，說真的，我也感動過，也想過和她在一起，她的確是個不錯的女人。可是，在我們接觸過以後，我就知道我不可能和這樣的女人在一起，這和外表、氣質、家庭都沒有關係，因為她根本不懂得溫柔。她對我很好，可是從來沒有溫柔地和我說過話，我覺得她有時甚至有些粗魯，我沒辦法和一個這樣的女人在一起，因為這樣會讓我感到很痛苦，所以我只能選擇放棄。」

因為怕那位女士傷心，所以我沒有直接把羅蘭的意思轉達給她，但是我寫了一張紙條給她——「用柔情結網是捕獲男人心最好的方法。」

我不知道後來的結果怎樣，但我相信，如果那位女士真的明白那句話的意思，她一定能找到屬於自己的幸福。

心理學研究表明：男人無法抗拒女人的溫柔，在男人眼裡，溫柔的女人最迷人。男人可以忍受女人很多不好的習慣，自私、無禮、貪財、任性都可以包容，但一個不溫柔的女人不會得到任何一個男人的關愛。其實我們也能想到，男人找尋自己的伴侶，是想給自己找一個理解他、關心他，能讓他心裡得到安慰的人，而不是給自己找一個老闆、火藥桶或是監工。

相貌平平的潔西卡女士是一家公司的打字員，讓人不能理解的是，追求她的人很多，且其中不乏相貌英俊、事業有成的人。當別人問她使用什麼方法抓住男人的心時，潔西卡說：「我也不知道他們為什麼會喜歡我，我只是按照自己一貫的作風去做而已。」潔西卡的追求者們給了大家想要的答案，他們一致認為，潔西卡是個溫柔的女人，他們相信，在結婚以後，她一定會是個好太太。

和溫柔的女人在一起，會使人有一種非常舒服的感覺，那是一種不能用言語表達的感覺。她們從不會大聲和你說話，也很少聽到她們的抱怨或是嘮叨，更不會看見她們與別人爭吵。這樣的女人真的像水一樣柔，好像永遠不會向誰發脾氣，更不可能相信她們會和誰大打出手。在男人眼裡，這樣的女人簡直就是他們夢寐以求的女神。

我想，沒有一個女人不願意被人們稱為大眾情人，更沒有女人不渴望自己心儀的男人也同樣喜歡自己。想要，就請立即行動，學會溫柔，用柔情結網捕獲你中意的那條「魚」。

喜歡他，也喜歡他的事業

女士們都想被成功男人欣賞，但卻不知道怎樣才能讓心中的白馬王子對自己另眼相看。

一個事業有成的男士在尋找伴侶時，更看重的是伴侶帶給自己的感覺。什麼感覺？這是一個複雜的問題，這種感覺包含了成就感、依賴感，還包括了輕鬆、愉快以及美的享受。相對於光鮮亮麗的外表，他們會更看重女士們的內涵和修養。

很多女士其實並不是看重成功男人的魅力，更多的是為了他們的財富。說得更坦白一些，那些女士追求成功男人的最終目的就是為了獲得物質上的享受。我想勸這些女士們放棄這樣的想法，要知道，一個人內心的真實想法一定會在她平日裡的一舉一動中表現出來。不管她們如何掩飾，對方總是會察覺的。更何況隨著社會的發展，擁有這種心理的女性越來越多，男士們早對這樣的女人有了很高的警惕，有時你不但沒有達到目的，反而會得不償失。想要獲得理想愛情沒有錯，只是你必須端正自己的目

的和動機。

魯伯特．唐德是一家大型零售公司的老闆，他曾經這樣說過：「那些愚蠢的女人總以為男人只會把眼睛放在女人的臉蛋上，而且好像越有錢的男人越容易被美麗的女人所迷惑，好像只要她們拋個媚眼，男人就會拜倒在她們的石榴裙下，從此就可以過上物質豐富的生活。其實男人們比她們要聰明得多，每一個想要真正得到愛情和幸福的男人都不會喜歡這種女人，除非他們的目的僅僅是為了享樂。但是我相信，女士們是不願意自己成為這樣的女人的。」

魯伯特．唐德這樣說也並不是毫無根據，因為他就曾經遇到過很多目的性很強的女性。在一次舞會上，他認識了一個美麗非凡、氣質脫俗的女士，魯伯特對她感覺挺不錯，並且他也感覺到那位女士對他有好感，於是兩個人開始交往。

可是，僅僅一個月以後，他們就分開了。分手是魯伯特提出來的，因為他發現那位女士喜歡他的錢明顯多過他這個人。她經常讓魯伯特給自己買東西，而且當魯伯特問她對自己有什麼要求時，她總是想也不想就說：「我希望你能賺很多錢。」魯伯特對此很失望，他覺得自己沒有必要跟那樣一位女士在一起，所以魯伯特後來慢慢減少了和那位女士的聯繫，再後來，就沒有了來往。

我想以此來告知女士們，只有當你能為自己找到一個與金錢關係不大的合理答案去喜歡一個男士時，你才開始行動吧。

在前面很多文章中都教過女士如何彰顯自己的魅力，在這裡我就不多說了。當你能保持住自己的個性，讓自己魅力長久四射，吸引成功男人的目光對你來說就很輕鬆。只是，在這之後，你應該做些什麼？我想你需要知道下面的這些事情，並學會去承擔這一切。

首先，你得知道，一個男人之所以會成功，往往是因為他把別人陪老婆的時間也放在了工作上。所以，他是一個看重事業的人，並且會因此相對冷落你和你們的家。也許，你們約好週末去逛街，可是公司的臨時會議不得不讓計畫取消；你們說好共進晚餐，可是直到深夜他才拖著疲憊的身軀回來，滿臉倦容地對你說：「寶貝，對不起，今天的工作實在太多，大家都加班到現在。」你們說好去一個風景秀麗的地方旅行，可是因為他的工作滿檔，所以一直沒有時間……這就是你選擇了這個優秀的男人後需要面對的情況。

當面對這些，你會如何處理？大吵大鬧、發牢騷、抱怨，這些只會降低他對你的好感。其實，他知道自己不對，只是他更希望身邊的這個女人能夠真心理解他、支持他。所以，女士們，你們選擇這樣的男人，就得做好心理準備。當男人花費大量的時間和精力去經營他的事業時，你所要做的就是對他表示支持和理解。你要讓他知道，你是個善解人意的女人，你會站在他的角度考慮問題。

我還想說的是，在通往成功的道路上，誰都不可能一帆風順。當你身邊那個成功的男人遇到坎坷、事業出現問題的時候，如果你能夠堅定地陪在他身旁，和他風雨同舟，並與他分擔失敗所帶來的痛苦，那麼我相信，你們的感情會因此更上一層樓。

猶他州最大的汽車零件供應商迪卡爾先生，就有過這樣的親身經歷。他的事業在幾年前曾遭受重大打擊，那可以說是迪卡爾先生最落魄的時候，公司業務走下坡導致很多汽車製造商都不願意與他合作。幾乎一年的時間，他的公司沒有接到一項業務，眼看就要面臨破產了。

就在這樣危難的關頭，身邊很多人都選擇了離開，其中包括公司的職員、以前的合作夥伴。雖說這也是在迪卡爾的預料之中，因為別人也要生存，但這還是讓迪卡爾感到很失落，而最讓他無法接受的是，在自己最需要幫助的時候女友也突然選擇了離開，這樣「雪上加霜」的情況讓迪卡爾有些接受不了。

就在迪卡爾覺得無能為力的時候，女秘書安洛林．圖斯對他說：「老闆，請您振作起來，就算所有的人都離開了，我也不會離開，我願意跟您一起渡過難關。」這一番話讓迪卡爾很感動。其實，安洛林早就喜歡自己的老闆了，只是因為各種原因始終未曾表白。現在，迪卡爾遇到打擊了，她看到迪卡爾這樣很難過，所以她想陪在他的身邊共渡難關。

安洛林不僅在工作上全力幫助迪卡爾，那段時間迪卡爾所有的生活問題也都是她解決的，她想讓他有更多的時間和精力投入到工作中。最後，在他們共同努力下，公司終於起死回生，在業績恢復以往的水準時，安洛林成了迪卡爾太太。

每當回憶起那段日子，迪卡爾總是很感慨地說：「我覺得自己是世界上最幸福的男人，我有這樣一個好妻子，那段日子要不是她堅定地支持我，我真的很難重新振作起來。是她的鼓勵和關心讓我挺了過來，是她讓我知道不管什麼時候、不管遇到什麼，都不能輕言放棄。其實，在公司好起來以後，我的前女友馬上找到我，要和我重歸於好。幾年的感情，讓我也左右為難，有些割捨不下，最後還是答應了。安洛林知道了這件事後，她毫不猶豫地離開了公司，離開了我，我這時才明白安洛林內心的想法。其實我想過，只是不敢確定，也不敢直接去問她，我怕因此生命中失去一個這樣重要的人。她離開的那段時間，我根本無法投入工作，我知道自己已經深深地愛上了她。雖然安洛林沒有我的前女友漂亮，但她卻是願意和我承擔一切痛苦的人，所以最後我選擇了她，而且我知道自己的選擇是對的。」

女士們，你們知道嗎？其實成功男人的內心很脆弱，當他們遇到困難和挫折時，他們更需要有人支援他們。安洛林之所以能夠和迪卡爾走到一起，也是因為她堅定地選擇與對方共同承擔痛苦。愛情不能只有甜蜜和快樂，痛苦和困難更是考驗兩個人感情的試金石。

對了，女士們，對待成功的男人千萬別吝嗇你的讚美，成功的男人都是有野心的男人，有野心的男人都是有虛榮心的。所以，女士們，要不時地對他表示稱讚和誇獎，從而滿足他的成就感和虛榮心。這可不能說是虛偽，而是一種靈活的心理戰術。

最後，我還想給妳們講一個小故事，希望妳們能從故事中學到一點什麼。

羅根先生和美麗的安娜小姐相遇於一場美麗的邂逅，當時，他們都不知道彼此的背景，安娜小姐只知道羅根先生在紐約一家大公司工作，他們開始交往了。

一段時間之後，兩人進入熱戀期，安娜想知道關於這個以後可能會是自己丈夫的男人更多的訊息，於是就問羅根在公司是做什麼的，羅根告訴安娜：「哦，親愛的，其實也沒做什麼，我是那家公司的總經理。」安娜簡直不敢相信自己的耳朵，自己的男朋友居然是年薪幾十萬美元的成功男人。安娜有些激動了，和其他女人一樣，她表現得非常興奮，而當時的羅根也只是笑呵呵地看著她，沒有說什麼。可是，一段時間以後，羅根先生開始厭煩安娜了，他沒想到安娜是這樣的女人。

自從她得知羅根的真實身份以後，就開始到處炫耀，幾乎是逢人就說：「你知道嗎？我的男朋友是紐約大公司的總經理，年薪可是有幾十萬美元啊！我去過他家，天啊，你簡直不能相信，那有多豪華，不過，很快，那也是我的家了。」

羅根實在不喜歡這樣的女人，終於在忍無可忍之後，遺憾地對安娜說：「安娜，我們分手吧！真的很抱歉，雖然我確實值得你炫耀、張揚，而且你也絕對有資格那麼做，但我真的很不喜歡那樣，我認為一個張揚、狂妄的人很膚淺。我認為我們並不適合彼此，還是分手吧，祝你幸福。」

安娜後悔不已，但是她也明白，這已經是不可改變的事實了。不過，從那以後，她也明白一個道理，那就是一個成功的男人絕對不會喜歡一個張揚的女人。

此外，我還想說的是，男人最瞧不起的就是一個女人不斷地糾纏，成功男人更是如此。女士們千萬不要妄圖採用糾纏的辦法來獲得男人的心，那樣只會有兩個同時並存的結果，一是你徹底失去他，二是你會顯得沒有一點尊嚴和人格。

男人和女人一樣需要愛情，成功男士也不例外，只是，他們需要的是一種有分寸的愛情。女人一生中也許只有一個伴侶，那就是自己的愛人，而大部分成功男人都認為自己的伴侶有兩個，一個是伴侶，另一個是事業。所以，女士們，當你們想要挑戰成功男人的愛情時，不僅得讓自己擁有成為成功男人伴侶的條件，更要學會和他另一個「伴侶」好好相處。

做他的知音

愛的前提是喜歡，喜歡的前提是有好感，要讓對方對你產生好感最簡單的辦法就是讓他覺得你們很聊得來，也就是說，女士們要想獲得心儀男人的愛，首先要做的就是讓他認為你們在一起說上三天三夜也不會累。

很多女士都向我抱怨說，她們發現與人溝通真是一件很困難的事。有時她們真的已經很努力了，和對方交談時總是盡力去尋找一些話題，希望以此來打開溝通之門，可雖然對方沒說，她們也能從對方的表情看到這樣的結果：「對不起，我對你所說的事情不太了解。」

我在文章中常對女士們說，向成功人士學習是你們變成處理人際關係高手最簡單的途徑。

美國歷史上偉大的總統羅斯福，他就是一個溝通專家。「羅斯福像是擁有一種神奇的魔力，他和任何階層的人都可以自由地交談，而且能很快贏得對方的好感。不管對方是孩童、農民、士兵、政客或是一名外交家，羅斯福總知道該和他們說什麼。我一直在思考，羅斯福究竟是怎麼做到這一點的呢？」這是布萊特福在他的著作中提出的疑問。

我想在這裡回答布萊特福的問題，並把答案送給所有正在讀這篇文章的女士們。其實，羅斯福不是有什麼魔力，而是他深知人際交往的技巧。羅斯福在接見每一位來訪者之前，都會在前一天晚上找一些客人感興趣的資料，他這麼做的原因只有一個，就是找到可以令他人感興趣的話題。

女士們，現在知道自己為何不能很好地與人溝通了吧！在和別人溝通時，你的出發點應該是「他要說什麼」，而不是「我要說什麼」。你和別人談他不敢興趣的話題，就算你興致勃勃地說上幾天幾夜，也不會有共鳴。

耶魯大學教授弗拉爾女士，在一篇關於人性的文章中提到過與人溝通的故事。弗拉爾八歲的那個暑假是在嬸嬸家度過的。一天，有個中年男子來拜訪她的嬸嬸，男子在和嬸嬸互相問候之後，就開始和八歲的弗拉爾交談起來。

弗拉爾說那次談話真的非常愉快，因為弗拉爾當時對船非常感興趣，而那位客人談論的話題一直都圍繞著船。男子走了以後，弗拉爾激動地對嬸嬸說：「嬸嬸，他是我見過最棒的人！他對船這麼感興趣，和他交談真是太妙了。」然而，嬸嬸對她說：「親愛的弗拉爾，其實他是紐約的一名律師。對於船，我想他也就是看過幾本關於這方面的書吧，根本談不上感興趣。」弗拉爾覺得不理解，就問嬸嬸：「不會的，他一直在和我談論船的事，嬸嬸您也聽見了，如果他真的不感興趣，他不會這樣做的。」嬸嬸說：「弗拉爾，這是一個很簡單的道理，因為他察覺出你對船十分感興趣，所以他就找那些能夠讓你喜歡，並且可以使你感到愉快的話題來和你交談，這也是他為什麼很受別人喜歡的原因。」

在文章的最後，弗拉爾教授是這樣寫的：「直到現在我都記得嬸嬸的話，因為從那之後我明白了，想讓別人喜歡你，就找一個對方感興趣的話題。」

我想告訴女士們一個所有男人的秘密，那就是男人們都是天生的「自大狂」，他們都希望別人能夠圍著自己轉。男人們思考問題的方式很特別，如果他喜歡吃辣椒，他就會認為全世界的人都喜歡吃辣椒，不喜歡吃辣椒的人就是不正常。所以，當你們交談時，他也認為自己所感興趣的話題是世界上最值得談論的話題，否則就是枯燥乏味的。所以，如果你想讓和你交談的男人感到愉快，就應該找到他最感興趣的話題。

凱西是我妻子的朋友，她已經是兩個孩子的母親了，卻依然熱衷於參加童軍。美國的女童軍是在一九二七年成立的，那時候正是經濟大蕭條時期，男童軍想要獲得贊助都是一件很困難的事，更別說是剛剛成立的女童軍了。

凱西女士有個願望，就是想帶領她的童軍去參加歐洲舉行的一次童軍大露營，但資金是個很大的難題，凱西思前想後，決定找一個有能力的人資助她們。也是那時，她聽說了那個曾經開過一張一百萬美元支票，而支票被退回來的經理，她還知道那張支票一直被那個經理放在鏡框裡。於是凱西去拜訪了這位經理。

凱西見到經理的第一句話是：「真不敢相信，您真的坐在我的面前了。您的那張一百萬美元的支票真的讓我很震驚，那可是一張一百萬美元的支票啊！在此之前，我可從來沒聽說過有誰開出一百萬美元的支票，而今天，我居然能夠親眼看見這張支票和開這張支票的人，我回去一定會對我的童軍隊員說，我親眼看見過一張一百萬美元的支票。」凱西的話顯然引起了經理的興趣，他馬上就把那張支票拿出來向凱西展示。凱西又接著說：「這可真讓我羨慕啊，經理，您能給我講講這詳細的經過嗎？」

故事講到這裡，細心的女士會發現，凱西女士從始至終都沒有深入說童軍或露營的事情，她始終圍繞著對方感興趣的話題鋪陳。女士們，後面又發生了什麼事呢？我們再來看故事的後半部分。

經理興致勃勃地講完自己的神奇經歷之後，恍然大悟地對凱西說：「對了，說了半天，我還不知道你是誰？找我有什麼事呢？」這時，凱西才把自己此次前來的目的說了出來，結果出乎凱西的意料，那位經理不但爽快地答應了她的條件，而且資助的資金比她所要求的還多很多。當時，凱西只是希望他能夠資助一名童子軍，結果他竟然一口氣資助了六名童子軍，而且，經理還願意讓凱西和她的童子軍在歐洲住三個星期，經費全部由他資助，不光這樣，他還寫了封介紹信，把凱西介紹給幾個分公司的經理，並讓他們提供協助。最後，經理甚至親自來到了巴黎，給童子軍們做起了免費的導遊。

在那次活動之後，那位經理經常關注凱西童子軍的動向，他還給那些出身貧寒的童子軍們提供了一些工作機會，甚至是給予了他們一切自己能給予的幫助。

凱西每次說起這件事時都會說：「我真慶幸自己從他最感興趣的話題開始我們的談話，要是當時他不是那麼高興的話，我想事情肯定不會這麼順利。」

凱西說得沒錯，做得更是相當漂亮。我們可以從凱西的故事中看出，談論他人感興趣的話題的確可以給我們帶來很大的好處。我們不妨這樣打一個比方，男人是顧客，女士們則是商家，想讓男人們接受你，也就相當於讓男人們買你的商品，那他們買的東西肯定是自己需要的，難道不是這樣嗎？

麗莎是紐約一家速食分公司的經理，她一直想讓一家大旅館長期訂購他們的速食，為了這筆大買賣，麗莎做了近四年的努力。她每個星期都會去拜訪這家旅館的經理，這位經理舉行的每一個活動她都會參加，甚至常在旅館訂幾個房間。可是，雖然每次麗莎都能受到禮貌的接待，卻始終沒有談成這筆生意。

所以，麗莎來到了我的培訓班，她希望從這裡可以知道自己該怎麼做。當我知道她所面對的難題時，馬上就把這個方法告訴了她。然後，她下定決心，一定要找到那個經理最感興趣的東西。

經過麗莎不懈的努力，她終於得知這位經理是美國旅館同業協會的成員，而且還非常想成為這個協會的會長，甚至夢想著有一天能夠當上國際旅館同業協會的會長。那個經理為了實現夢想，每次協會舉行大會時，他都會立即放下正在做的事，不管多遠都不辭勞苦地親身前往。麗莎抱著一絲希望再一次敲開了經理的大門，迎接她的依然是那張和藹可親卻又不容商量的臉。麗莎試探性地談論起有關旅館同業協會的事，沒想到，一直都沉默少言的經理顯得激動起來，他開始滔滔不絕地講述著有關協會的各種事情。從他的語氣和語調中，麗莎知道自己終於找對方向了。在離開辦公室之前，那位經理還不忘對麗莎說：「也許你也應該考慮加入這個協會，我認為它對你非常有好處。」

在這次談話中，麗莎沒有提到任何關於訂購速食的事。不過，就在第二天，那家旅館的一位負責人打來電話，希望麗莎能夠帶一些樣品及報價單來。事後，麗莎找到了我，對我說：「真是太感謝您了，卡內基先生，這真是太讓人難以置信了。四年了，我整整勸說了他四年，在這四年裡我真的用盡了各種辦法都沒能說服他，要不是您的辦法，我恐怕現在依然還在做著無用的努力。」

所以，女士們，想讓你中意的男人對你有興趣，你就先去發現他的興趣吧！

認可他，讚美他，崇拜他

赫斯勒．霍夫曼先生是一名極為普通的教師，他很努力地工作，可一直沒有什麼成就，所以赫斯勒一直有些自卑，甚至因為這樣一直都沒有找女朋友，用他自己的話說：「我是一個每月只能領到微薄薪水的教師，有哪個女孩會看上我？」其實，赫斯勒並沒有那麼差，雖然收入不高，但也足夠維持生活，而且赫斯勒先生長得挺帥氣，最重要的是他心地善良，而且熱情好客，喜歡他的女孩不是沒有，可他都拒絕了，自己喜歡的女孩也有，可就是因為自卑，遲遲不敢開口。

直到赫斯勒在一位朋友的家裡認識了蘇菲小姐，他們兩個一見面就談得很投機，有種相見恨晚的感覺。可是赫斯勒雖然對蘇菲小姐很有好感，卻因為自卑不敢表達，大概蘇菲小姐看出了赫斯勒的心思，於是她問赫斯勒：「您是做什麼工作的呢？」赫斯勒有些不好意思地說：「我……我不過是一名普通的教師而已。」「真的嗎？那您可真了不起，我從小最大的夢想就是當教師呢，我最崇拜教師了。」蘇菲很真誠地

說：「我認為，教師是世界上最神聖的職業。」赫斯勒顯然有些小小的震驚，他甚至不敢相信自己的耳朵：「崇拜？神聖？這份沒有前途也沒有高收入的工作？蘇菲小姐，您不是開玩笑吧？」蘇菲笑著說：「當然沒有，赫斯勒，您是個英雄，因為您培育出了很多人才，這怎麼能說沒有前途呢？又怎麼能用收入的高低來衡量呢？」赫斯勒有些激動地說：「蘇菲小姐，謝謝您能這樣說，我現在真的覺得很自豪。」看著蘇菲動人的臉龐，赫斯勒鼓起了莫大的勇氣說道，「只是……只是不知道您是否願意和一個您心目中的英雄交往？」蘇菲答應了。

蘇菲在我的培訓班上對大家說起她的故事：「我的丈夫原來一直因為自卑而不敢談戀愛，所以雖然我很早就開始注意他，也暗自喜歡上他，但一直沒有表露過心聲，於是我決定採用我的方法讓他向我敞開心扉。我開始不停地肯定他，並且讓他相信我是崇拜他的，後來，他終於不再自卑，對我說出了他的心裡話。」在這之前，她向我請教該如何抓住一個男人的心，我清楚地記得，當時我告訴她：「很簡單，那就是認可他，讚美他，崇拜他。」

聰明的蘇菲很快就學會了我所傳授給她的方法，並且還實踐得很不錯。女士們，當一個男人對你有了初步的好感，願意和你接觸之後，可千萬別讓他認為你是一個狂妄自大、目中無人、說話還十分刻薄的女人。相信我，沒有男人會覺得選擇這樣的女人當女朋友是一個好主意。

當你想在最短的時間獲得一個男人的好感時，認可他，讚美他，崇拜他，這是很有效的辦法。男人們的自尊心很強，他們需要身邊的人對他們表示認可，尤其是自己的伴侶，你對他的認可他會覺得是理所當然的事。記住，滿足男人的自尊心是獲得他們好感最有效的方法。

很多女性也有很強的自尊心，她們認為，如果女人都去崇拜男人的話，那麼無疑又回到了過去男尊女卑的社會，用她們的話來說：「我為什麼要去滿足那些男人虛榮的大男人主義心理？」在她們看來，讓女人去崇拜男人是對女性的一種不尊重，也是對新社會的一種挑戰。

我之所以這樣說，是因為很多女士確實是這樣想的，我的一個女學員就對我說過：「卡內基先生，為什麼要我去崇拜一個男人？他明明就沒有那麼好，我為什麼要讚美他？你居然也會這麼想，天下男人真是一個樣！」女士們，我們冷靜下來聽聽專家的意見好不好？婚姻心理學博士盧卡德．帕內爾曾在一篇論文中這樣寫道：「男人們普遍認為，只有崇拜他們的女人才會對他們產生強烈且持久的愛情。在男人看來，女人對男人的愛是以崇拜為基礎的；女人崇拜男人，那麼就勢必會渴望與心目中的英雄生活在一起，從而才能產生愛。男人們都想通過女人對他們的崇拜而獲得一種滿足感，這是一種雄性征服和佔有欲望的體現。很多聰明的女性往往都善於使用這一技巧，儘管有時候並非出自她們的本心。」

芝加哥心理學教授迪斯勒．肯特對一百名男士做過一項調查，他讓他們寫下願意和什麼樣的女士交往，結果，絕大部分男士的答案都是「不如自己的女性」。當迪斯勒調查原因時，很多男人回答說：「這不是大男人主義，可是一個男人真的很難忍受妻子比自己強，男人的自尊心真的很重要。」女士們，就像愛哭是你們的天性一樣，男人想獲得女性的崇拜和認可也是他們本性的體現。

女士們可能會擔憂，「好吧，卡內基先生，就算你說的是正確的，我按照你說的做了，確實也有效，可是婚前一直這樣做的話，我想他肯定會把這種優越感帶到婚後，恐怕到那時我的日子就不好過了。他會像國王一樣對我發號施令，還會像使喚女傭一樣指使我做這做那。為了以後我能過得好一點，我還是不能太縱容他。」

女士們，你們這樣的擔憂實屬多餘，因為很少有男人是真正的「權力狂人」。事實上，如果你能認可他，讚美他，崇拜他的話，不但不會把他「寵壞」，反而會讓他更加愛你。

女士們，「愛」這個東西有時候真的很簡單，簡單到僅僅是一個認可和崇拜的做法就將給你帶來無窮的溫暖。在婚前，你可以吸引他的目光，讓他迷戀你；在婚後，你又可以讓你們的關係永保親密。這樣簡單又可一舉兩得的技巧，我想沒有一個想要婚姻美好的女士會拒絕。

當然了，不管做什麼，「真誠」永遠都是第一位的。如果你僅僅是為了討男人歡心而去崇拜或認可他，那結果有可能會適得其反。違心地認可和崇拜是不會被男人接受的，就像這個剛和女友分手的男士說的：「那個女人真的太虛偽了，明明就覺得我做得不好，可非得說挺好、不錯。可是你們看看她那副表情，誰都知道她是在說著口是心非的話，她心裡其實對我很鄙視。」

女士們會接著說：「我們知道崇拜和認可對於一個男人很重要，我們也很想這樣做，可是卡內基先生，真的有一些男人讓我們找不到可以崇拜的地方啊！」如果是這種情況，我想告訴女士們的是，每個男人肯定都會有優點和不足，並不是只有成功的男人才有優點，很多平凡的男人也一樣有，只不過沒有那麼突出罷了。我相信，只要你們善於觀察，一定會發現他們的優點。

一旦發現了心儀對象的優點，千萬別吝嗇你的讚美，一定要說出來，讓他知道你的想法，讓他知道你從心裡崇拜和認可他。不讓對方知道你的心聲，你的認可和崇拜也就失去了意義。

當然了，女士們，我鼓勵你們去崇拜和認可你心儀的男人，這也是有前提的，那就是你必須有正確的判斷和價值觀。有些女士，特別是一些年輕的女士，會把男人一些不好的習慣拿來崇拜，這種做法，顯然不是很好。

女士們，想要得到首先就得學會付出，獲得男人的心不是那麼難的事，只要你願意付出，只要你能夠發自內心地認可他，讚美他，崇拜他，那麼你得到夢寐以求的愛情就不再是一個夢想。

第2章

打造優質老公

好男人不是天生的，好男人都是被他身邊的好女人打造出來的。所以，如果你想擁有一個優質老公，那麼就得多花些心思去改變他。不過請注意，改變他不是讓他失去自我，而是讓他在保持自我的同時更優秀。

使丈夫成為有熱誠的人

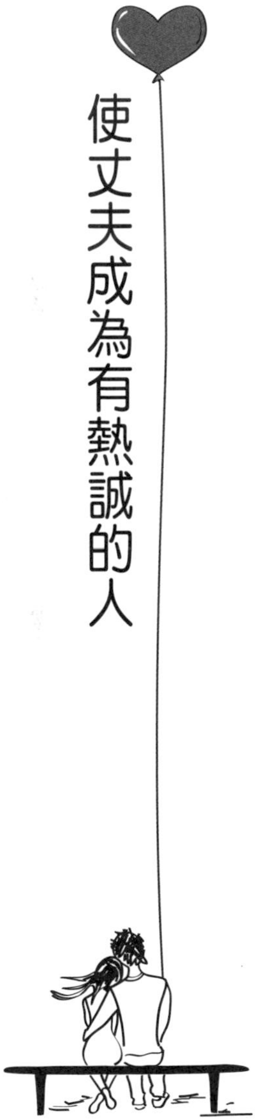

熱誠（enthusiasm）是個源於希臘語的詞，它的意思是「受到神的召喚」，這種人具有無窮的力量。耶魯大學最受歡迎的教授之一威廉．費爾在他的著作《工作的熱誠》中寫道：「對我來說，教書是一項偉大而神聖的工作，它高於其他一切職業，這就是我的熱誠。我熱愛我的職業，就好像畫家愛好繪畫，歌唱家熱愛歌唱，詩人醉心於寫作一樣，我自始至終對我的工作抱著熱誠。」

你是不是很想幫助丈夫培養這種工作習慣，但不知道該如何著手？沒關係，在後面的文章我會告訴你具體的方法，但在此之前，我想你得讓你的丈夫對自己的工作有個清醒的認識，首先他得知道具有熱誠的態度對他來說有多麼重要。

你可以把汽車大王亨利．福特的話轉告給他：「我喜歡具有熱誠的人，因為他的態度可以感染顧客也熱誠起來，這樣生意就會成功。」讓你的丈夫知道，無論哪一位老闆，都很看重具有工作熱誠的員工，因為他們知道這種人是很難得的。

十分錢連鎖商店的創辦人查爾・華樂華斯一直認為，只有那些不熱愛工作的人才會處處碰壁，他說：「有熱誠的人不管做什麼都會成功。」也許他的話是偏激了一點，一個音樂大師確實也需要一定的天賦，一個繪畫名家也需要一些另類的思想。不過，我敢這樣說：「凡具有相應的天分，同時又有切實的人生目標，並富有熱誠的人，不管他從事什麼工作都會有所收穫——包括精神上或是物質上的。」

《時代》雜誌引用過諾貝爾物理學得獎者、雷達和無線電報發明的重要參與人亞皮爾頓・愛德華先生的一句話：「要想在科學上有所成就，熱誠的工作態度遠遠比專業的知識更重要。」如果這句話出自一個普通人之口，也許就沒有多大的意義，可它是出自這樣一個權威人物之口，那其中的意味就值得我們深深去體會了。在如此高技術的科學研究工作中，熱誠的態度尚且如此重要，那我們這些普通工作的從業者豈不更加需要高度的熱誠？

《我如何在推銷上獲得成功》一書，其銷售量創下了推銷類書籍的最高紀錄，它的作者法蘭克・派特是著名的人壽保險推銷員，他在這本書中列出一些經驗之談：「那是一九〇七年，我遭受了人生中最大的打擊。我剛轉入職業棒球界不久就被那支球隊的經理開除了，他開除我的理由讓我無法理解，他說我總是無精打采，像是個在球場混了二十年的老手。他還說以我這樣的狀態，我這輩子都不會有什麼希望了。

我參加了賓州的亞克蘭斯克球隊，一個月薪只有二十五美元的球隊。我以前的月薪可是一百七十五美元啊。雖然真的是很難擁有什麼熱情，不過我還是想試試看。沒過幾天，一位名叫丹尼．米亨的老隊員，將我介紹到了柯萊幾卡的新凡隊，這是我人生的一個轉捩點。

我知道，在這個地方一切都是新的開始，沒有人瞭解我的過去。所以我下定決心要成為新英格蘭最具熱誠的球員，為此，我給自己規劃了一系列的行動目標。

從那以後，我覺得自己一上球場全身就好像帶了電似的，我都不敢相信自己能投出這樣的高速球，我相信接球的人雙手都發麻了。那次，當我異常勇猛地衝入三壘時，我看見那個三壘手害怕的表情，他甚至忘記了接球，我輕而易舉地盜壘成功。記得當時的氣溫高達華氏一百度，我就這麼在球場上奔跑著，可感覺卻很好。

我覺得自己的瘋狂讓我掃盡了心中的恐懼感，發揮出了自己完全意想不到的水準。而且由於我的表現，全體隊員都被帶動起來了，最讓我不敢相信的是我沒有中暑，不論是在比賽中或是比賽之後，我都體會到從未有過的舒坦。

第二天，報紙這樣寫道：『這真是本季最精彩的比賽！新來的球員派特簡直就是一個霹靂球，因為他的原因，全隊一直興奮到終場，終於贏得了比賽。』這個消息真讓我有說不出的興奮。

不久我的月薪從二十五美元升為一百八十美元，之後的兩年，我一直擔任三壘手，直到現在，我的薪水增加了三十倍。我想這沒有別的原因，是我滿腔的熱血讓我得到這一切。」

在一次比賽中，派特因為手臂受傷，不得不放棄他的棒球生涯。隨後，他成為飛特利人壽保險公司的保險推銷員。剛開始，他業績平平，於是他試著把自己在棒球隊的熱誠帶到現在的工作中，最後，終於取得和棒球一樣突出的成就。

現在，派特已經是人壽保險界的巨星了，請求他撰稿、演講、講述成功經驗的人很多，他總是對別人說：「不管是以前在棒球隊，還是我這三十年的推銷生涯，生活讓我明白，擁有積極熱誠工作態度的人總會使自己的收入成倍地增加，而那些缺乏熱誠的人，總是會處處碰壁，我深信自己獲得成功最重要的因素就是熱誠的態度。」

熱誠產生的效果絕對出乎你的意料，你的丈夫也不會是個例外。有太多的真人真事讓我們知道：熱誠的態度是成就一切事情的首要條件。你一定要讓你的丈夫對這一點深信不疑，不管是誰，只要具備了這個條件，他的事業必將會飛黃騰達。

對工作充滿熱誠的人，他們每天都能愉快地進行工作，所以他們不會輕易感到疲憊，他們以自己的工作為樂趣，並且樂此不疲。假如你希望你的丈夫也能這樣愉快的工作並且富有成就，那麼從今天開始，請你幫助他確立起認真的工作觀念，也就是讓他明白熱誠態度的重要意義。這裡，我有六個一次又一次被成功應用的方法提供你參考，不妨讓你的丈夫試一試。

1. 要清楚瞭解你的工作與公司整體的關係，要明白自己負責的事情的重要性。對自己負責的每一件工作要盡可能地學習其技藝，不要只是埋頭苦做照章行事。

公司通常要求推銷員們必須知道產品的製造過程，雖然這些訓練對產品的老主顧是很少有用處的，不過，對自己推銷的產品有個全面瞭解，能夠使推銷員在面對顧客時更有熱心和權威，這樣會有更好的說服力。

很多事都是這樣的道理，我們對它的認識越清楚，我們就會對它越有熱情。當你發現丈夫對他的工作缺乏熱誠的時候，你就要想想，是不是他對自己的工作並不很瞭解，或是沒有意識到自己對整個工作所做出的貢獻。

2. 學會制訂目標，然後努力去完成。想要成功，首先得有個目標，只有當你清楚地知道工作目標是什麼之後，你才能像一隻獵犬一樣跟隨目標緊追不捨。一個明確自己目標的人，不會因為挫折而輕易氣餒。

班傑明．法蘭克林說道：「一個人如果想成功，就讓他確定自己的工作目標，然後堅持不懈地做好它。」

和你的丈夫好好討論一下他對未來的想法，去幫助他樹立生活的目標和雄心，還要鼓勵他去實現切實的生活目標，對於那些不著邊際、無法實現的幻想要堅決拋棄。

3.每天都要勉勵自己。這可不僅僅是對孩子們有用的一個辦法，這個「熱心建立法」可是老少皆宜的。古希臘哲學家亞里斯多德提倡「利己主義的進化」——對一個一心向上的進取者而言，這的確是個好方法。

不少成功者都有這樣的經歷，魔術大師瓦特．沙斯頓也是這樣，他在上臺前都要大聲向群眾們喊：「我愛你們，我的觀眾！」他一次次地喊，直到他的血液沸騰起來，上了舞臺之後，他盡力的表演總是讓現場充滿歡樂的氣氛。有很多人每天都在糊裡糊塗地過日子，當你早上醒來的時候，請學會對自己說：「今天真是美好的一天，我一定要充實地度過，我要把我全部的潛力發揮在我熱愛的工作上。」

4.培養為社會服務的人生觀。很多例子都向我們證明，一個為他人和社會服務的人會引起自身高漲的熱情。有很多從事傳教或者社會服務者都是很有能力的人，但是他們都沒有選擇能賺取更多錢的職業。自私自利的個人主義者，在得到一時利益的同時，失去的將是長遠的成功。

5.交熱心的朋友。愛默生說：「我需要一個能激發我勇氣，促使我去做能做的事情的朋友。」是的，朋友給人的影響是很大的，女士們無法控制丈夫的工作環境，但完全能夠為丈夫找到足以刺激他創造力的朋友。

一個益友能讓他散發熱力，並且幹勁十足。派西．懷登在他的《推銷的五大原則》一書中，勸告人們：「不要與那些缺乏熱心，辦事慢吞吞的人交往！」

6.迫使自己熱心工作，你就會真的激起熱誠。這是哈佛大學教授威廉．詹姆斯提倡的哲學思想，他說：「當你想擁有某種情緒的時候，就請你像真的擁有了這種情緒一樣去行動。你假裝自己有這樣的情緒，慢慢地你就會發現，你真的有了這樣的情緒。所以，你想得到幸福，就請你幸福地去工作；你想得到痛苦，那就痛苦地去工作；同樣的道理，想得到熱誠，你只需熱誠地去工作就可以了。」

這樣的原則是不是真的能就此改變你丈夫的一生？不妨試試看，不會對他有任何危害，女士們，你們認為呢？

讚賞使他成為理想的人

我相信每個人都是兩個部分的組合，一部分是現實中的自己，另一部分是對自己的理想。一個孤僻的人，渴望自己受到別人的歡迎；一個怯懦的人，希望自己可以勇敢些；那些缺乏自信的人，往往希望自己可以毫不畏懼。

因為你是他的妻子，所以幫助他成為他理想中的那個人是你的職責。你要讚賞他，鼓勵他，不停地為他撐腰、打氣，千萬不要指責他、挑剔他，也不要拿他和其他人相比，更不要逼他做難以勝任的工作。

當一個男人受到妻子的誇獎時，就算他不表現出來，但他心裡一定是快樂的。當你經常對他說：「你真不簡單」、「你真是我的驕傲」、「嫁給你真是我的福氣」……你的丈夫一定會意氣風發、幹勁十足。我可不是無的放矢，這種說法是很多傑出男人都可以為其做證的。

住在田納西州洛克斯維里城西狄柏街二〇九號的鮑伯．派克斯先生，他是派克斯貨運公司的擁有者，在給我的一封來信中他是這樣說的：「卡內基先生，每當我把一個責任重大的職位交給我的下屬之前，我都會和他的太太談話。我相信，妻子的為人處世，以及她熱心鼓舞丈夫的程度，決定著一個男人事業的成敗。每一個男人不但能夠成為他所理想的人，而且能夠成為他太太所期望的人。這是我從自己多年的經驗總結出來的，而且我就是這樣的一個例子。」

「我的太太出生於一個很不錯的家庭，從小就享受父母的寵愛、良好的教育、充裕的物質。我們在一起的時候，我什麼都沒有，沒錢，沒受過高等教育，我僅僅擁有兩樣東西──她對我的信任以及我內心有個闖天下的欲望，其他真的一無所有，可這並沒有影響妻子對我的愛，她還是答應了我的求婚。剛開始那幾年，我們的生活相當困苦，但她從沒有抱怨過什麼，只是一直默默地陪伴我，承擔著本可以不要承擔的一切，她的體諒和不斷的激勵鼓舞了我，讓我有了與失敗和挫折抗爭的勇氣。」

「可以這樣說，我一生的成就都要歸功於妻子始終如一的支持和協助。前幾年，我的妻子有一段時間身體很不好，她不但沒有因此消極失望，而是一如既往地想著要怎樣幫助我。每天早上，她早早起來為我準備早餐，出門的時候，她總是溫柔地問我有沒有什麼可以幫我做的。累了一天回到家裡，她總是耐心地聽我講述這一天的情況。看著妻子那樣，我真的不忍心讓她失望。」

你的丈夫也許有時真的會做得不好，但是你要相信，在公司裡老闆已經直率地批評過他了。所以，在他回到家後，無論是在餐桌上，還是在臥室裡，我們應該給他勉勵，告訴他我們相信他能夠成功。如果你對他說：「你這樣的人不可能會有出息！」那麼恭喜你，你的預言真的會成為事實。

一個明智的女人說出一些經過思考的話，往往能夠讓丈夫改變對自己的評價，從而使他的生活煥然一新。下面這個例子會證實我並沒有說假話。

住在曼徹斯特城蒙特街的湯姆．科斯頓是個退伍軍人，他的一條腿因為在戰爭中受傷有點殘疾，幸運的是，仍然能夠游泳，這可是他最喜歡的運動。那時剛出院不久，他就和太太到罕布頓海灘去度假，衝浪之後，科斯頓先生躺在沙灘上曬太陽，很快他就覺得不太對勁，因為他發現很多遊客盯著自己的腿，也是從那次他開始在意自己那條滿是傷疤的腿。

後來，每當太太再次提議到海灘度假時，他都堅決拒絕。太太問他原因，他說自己寧願留在家裡也不願意去人多的海灘。其實他的太太很清楚其中的原因，她對科斯頓說：「親愛的，我覺得你對自己腿上的疤痕開始產生錯覺了。」

看著科斯頓先生不太開心的表情，太太又接著說：「湯姆，你腿上的疤痕是你勇氣的標誌，它們是你上戰場贏得的光榮，為什麼要隱藏起來呢？記住，你是在戰鬥中得到它們的，要大大方方地展示它們。好啦，我們現在一起去游泳。」太太的話給了科斯頓莫大的鼓勵，讓科斯頓終於同意和太太一起去海灘。回憶起這些事，科斯頓說，正是因為太太接下來說的這些話，讓他心中充滿了喜悅，並且很願意和她一同去海灘。

科斯頓太太已經為他消除了心中的陰影，他相信自己以後的生活將會更加光明。

波士頓的商會經理俱樂部舉辦過一個推銷講座，前來參加的推銷員和營業人員大約有五百名，講座維持了五天，其中，還安排了一個特別節目，就是介紹一些能夠鼓舞丈夫，使自己丈夫變得智慧從而取得更佳業績的方法。

行銷顧問鮑爾斯協會會長大衛．鮑爾斯博士也是其中的一位演講者，在演講中，他極力要求太太們早晨送先生出門時，務必使先生們充滿信心，最好是愉快地吹著口哨出門。他告訴女士們，如果你希望先生能夠提高銷售量和薪水，你應該讓他覺得自己已經是理想中的那個人了。「就算他真的很不會打扮自己，你也要對他說，『你看起來很帥，很瀟灑』。你需要經常稱讚他的風度，讚美他領帶的花樣，而對他昨天喝醉了失態的事可千萬別提。驕傲地對他說，『你是最棒的，你讓我感到驕傲』。」有很多轉敗為勝的例子，大多是被一些讚賞之言促成的。鮑爾斯博士是傑出的行銷顧問，既然他對這種方法的效果深信不疑，為什麼女士們不試試看呢？說不定真的會得到一個更加熱心和快樂的丈夫，這種努力是值得的！

女士們真的不用懷疑，真誠的讚賞和激勵，真的可以促使男人發揮出他的最大潛力，試試看吧！

做他的忠實「信徒」

在密西根州底特律城有一個青年，每天工作十小時只能換來一周十一美元的工資。他白天在一家電燈公司做技工，晚上回家後常躲在一間舊棚子裡工作到大半夜，他有一個遠大的夢想——發明一種新引擎。

身邊的人都嘲笑他，父母確信自己的兒子只是在浪費時間，鄰居們也都認為這個青年是個異想天開的傻子。大家都笑話他，沒人認為他真的能搞出什麼有用的東西來。當然，除了一個人，這個人就是他的妻子。妻子不僅堅信丈夫一定可以實現自己的夢想，而且當她完成了一天的工作，就來到小棚子幫助丈夫一起研究。寒冷的冬天，為了給丈夫照明，提著煤油燈的她常常凍得手發紫、牙齒顫抖，但她從來沒半句怨言，她對自己的丈夫會成功深信不疑。青年也對自己的妻子很感激，總是戲稱自己的妻子是自己忠實的「信徒」。

經過一千多個日夜的艱苦努力，一八九三年，就在這個年輕人快要三十歲的時候，他終於成功了，他把所有人認為異想天開的稀奇玩意兒製造出來了。街道上奇怪的聲音讓鄰居們都驚駭地跑到窗前，他們張大嘴巴看著亨利・福特正和他的妻子坐在一輛沒馬的馬車上，而且還在路上表演，那輛沒有馬的馬車真的可以遠遠地跑過去又跑回來！

就是那天，一個對人類生活產生了重大影響的工業誕生了，這個青年就是被我們稱作新工業之父的福特先生，而他的那位忠實「信徒」——他的妻子福特太太，我覺得我們可以毫不誇張地稱她為新工業之母。如今早已年老的福特先生相信靈魂可以輪回再生，當他被問及下一次輪回有什麼希望時，他毫不猶豫地回答：「除了希望和我太太在一起，別無他求。」

男人們都需要這樣一個「信徒」——一個在他陷入困境時，一心只想呵護他的女人；一個在他處處都不順心時，能夠鞏固他的抵抗力和信心的女人；一個在他事業處於危急之中時，義無反顧支持他的女人。這是一個任何風雨都不能動搖她對他的信任的女人。是啊，如果連妻子對他都沒有信心，誰還會信任他呢？

信任對人們來說是一種積極的動力，當你有信心能做好一件事，想要失敗是不太容易的。住在康乃狄克州布里斯特城的羅伯・杜培雷，就是個很好的例子。

羅伯．杜培雷先生從小就有一個夢想，他一直希望能做一個優秀的推銷員，後來也有了機會，他從事了推銷保險的工作，可是業績卻一直平平沒有突破，他已經很努力地工作了，可是保險還是賣不出去，這讓他感到非常懊惱。後來，因為過度緊張，怕自己會精神崩潰，在妻子的勸說下，他提出了辭職。

在他的辭職信中有這樣一句話——「我認為自己很失敗，幾乎都快要沒有活下去的勇氣了，但是我的太太堅持認為這是暫時的挫折。她不斷對我說：『親愛的，我相信你遲早能成為一個優秀的推銷員，只是你現在缺少正確的方法而已，不要擔心，下一次你一定會成功。』」

後來有一段時間，也是他最消沉的時期，他和太太在一家工廠裡做事，太太從沒有忘記讚美他，指出他具有推銷員的天賦，有的才華是他自己也不知道的！就這樣，在太太的不斷鼓舞下，他消失的自信慢慢回來了，太太總是說：「你有這樣的能力！你也能辦到！只要努力就行！」他實在不忍心辜負妻子如此深切的信任，最後，他毅然離開了工廠，再去從事推銷工作，這一次他顯得信心十足，他說，「因為我有了一個忠實的信徒！」

羅伯先生說：「我知道還有很長的路要走，但至少我已經上路了，這都要謝謝我的太太，沒有她的鼓勵，我真的沒有重新站起來的勇氣。是她使我深信自己如果想成功，就能夠成功。」

我想，要是我要雇用一名推銷員，一個有這樣太太的男人肯定會成為我的首選對象。我相信，這種信徒式的太太不會讓丈夫輕言放棄。當他們遭受挫折時，她們會盡全力幫丈夫站起來，並且撫慰好他們的創傷，讓他們重回競技場。

偉大的音樂家西蓋．洛柯曼尼諾夫因為過於自負，在現實不能滿足他的驕傲以後，有相當一段時間，他的生活很黯淡。直到他被朋友帶去看心理醫生，心理專家尼可拉斯．達爾醫師反復給他灌輸這樣一個思想：「在你身上潛藏著偉大的藝術天份，正等待著你將它展現於世界。」當這個想法在洛柯曼尼諾夫心裡紮下根以後，他發現自己的信心慢慢甦醒了。不久之後，偉大的《C小調第二號協奏曲》完成了，西蓋的暗淡生活也結束了，他把這首曲子獻給達爾醫師。他又一次走向了成功的頂端，這首曲子首演的時候，所有的觀眾都被征服了。

就像引擎需要燃料一樣，激勵對男人有著同樣的作用。激勵是使人轉敗為勝的驅動力，它能使男人們的精神電力充足，使男人們的發動機不停運轉。

有時候真會覺得一些事情的發生甚至嚴重到讓我們挺不起腰來，在這個時候，當最親愛的人這樣對我們說：「親愛的，別把這些放在心上，這點小事不能打倒你，你一定會成功的！」那樣的溫暖和鼓舞完全可以讓事情轉變成另外一個樣子。

妻子們對丈夫的完全信任，使得信徒式的妻子們以其獨到的洞察力，看出她丈夫身上潛在的特質，這是他人無法看到的，她們憑藉的正是愛情和獨到的眼光。《聖經》上說：「信仰，就是堅信所希望之事，就是確信還沒看到的事情。」

妻子們，向你的丈夫表現出你對他的信心吧，把它表現在言辭和行動上，諸如給予柔情的安慰、熱切的鼓勵，或者誇獎他的品性，讚美他的才華，讓他知道不管怎樣，他都還有一個最最忠實的「信徒」，那將會成為他無盡的動力。

換一種口吻讓他接受你的建議

我們對上千名已婚女性做過調查，結果表明，絕大部分女性都認為天底下最難的事情就是給男人提建議。女士們都認為，男人的共同特徵就是狂妄、自負、固執己見。要想讓一個男人心甘情願地接受別人的意見，簡直是一件不可能的事情。在她們眼裡，防禦和抵制是男人們在面對意見時所表現出的態度。

男人確實有時會因為自己過分的自尊而忽略了別人給自己所提的建議，但是，造成男人對建議產生抵觸情緒的原因可不僅僅是因為那要命的自尊，你給他提建議時所採用的態度和方法也是很重要的。

陶樂絲的一個已婚女性輔導班上的學員請求她的幫助，那位女士苦惱地對她說：「我很需要你的幫助，因為我真的無能為力了。我愛我的丈夫，我從沒想過要對他不好。可是我不知道自己到底做錯了什麼，他為何那麼討厭我？我是為了他好才給他提意見的，可是他一點都不領情。」陶樂絲為了進一步瞭解情況，決定親自去她家拜訪。

回來之後我問陶樂絲怎麼樣？陶樂絲對我說：「在去那位女士家之前，我以為她先生一定是個蠻不講理、固執己見的傢伙，然而事實卻不是如此。事實上，她先生非常和藹可親，而且也很願意聽取別人的意見。戴爾，我真不明白為什麼現在有的妻子總是喜歡把所有的責任都推給丈夫，而不是好好反省一下自己。」我好奇地問道：「那是什麼原因導致那位先生對妻子的建議那麼抗拒呢？」陶樂絲對我說：「她先生告訴我，她從來不知道什麼叫商量，總喜歡用命令的語氣讓他做這做那。其實，那位先生怎麼會不知道妻子是為自己好呢，可是他實在不能忍受妻子的態度。妻子命令式的口吻讓他不想按照妻子的意思去做，且有時明明知道妻子是對的，他也會故意與妻子做對。」

又是一位不懂得與丈夫相處的女士。要知道，建議永遠比命令更有威力，這是一個會讓女士們在與人相處的社交活動中立於不敗之地的原則，這個道理同樣適用於夫妻相處的過程。還有一個小而有效的技巧，也能讓你的丈夫較願意接受你的建議，那就是以提問的方式代替命令。

不拘小節的洛根先生常把妻子剛辛苦打掃乾淨的房子弄得又髒又亂，當然，這並不是出於他的本意，而是因為他真的沒在意這些東西，也根本不知道這麼做是不對的。

女士們，當你遇到一個這樣的男人時，你會怎麼辦？我想大多數女士都會生氣地叫喊著說：「天啊，看看你都做了些什麼？你知不知道我多辛苦才把這裡弄好？把你的髒腳從地板上拿開，別把煙灰彈得到處都是，難道你不會把報紙放回原來的地方嗎？」最後的結果有兩種，大多數男人會選擇默然不理，另一部份男人則會選擇反唇相譏。而我相信，女士們，這兩種結果都不是你想看到的吧？但你這樣命令的方式只會讓事情越來越糟。洛根太太是個聰明人，也許她的方法女士們可以借鑒一下。

那天，洛根太太剛打掃完房間，她的丈夫又想進去「搞破壞」。洛根太太笑著對丈夫說：「親愛的，你覺得咱們的房子現在是不是很漂亮呢？」「當然了，親愛的，怎麼了？」洛根先生警惕地回答。洛根太太接著說：「那你喜歡在這種環境下生活嗎？」「當然，親愛的。」洛根先生回答道。洛根太太又接著說：「那你是不是願意為保持這種整潔的環境做點什麼呢？」洛根想了想說：「其實我一直都有這種想法。」洛根太太很高興地說：「那我想你一定知道該怎麼做了。」「當然了，親愛的。」洛根先生立即把手上的菸熄滅了。

洛根跟著妻子的提問一點一點地走下去，最後，終於自己說出了妻子想要他做的事。因為是自己說出來的，所以洛根先生做得心甘情願。這很難嗎？其實一點也不難，做妻子的只需要給丈夫一點自主的權力，本來對的事情你就讓他們感覺那是他的主意就可以了。

如果你還不相信這樣做的效果，看看銀行出納員愛麗絲．艾伯森是怎麼成功地對付固執、傲慢的顧客的吧。

「小姐，我想開一個戶頭。」「好的，先生，請您把這幾張表填寫一下。」愛麗絲微笑著對眼前這位顧客說。可是，那位顧客在看完表格後，表示拒絕填寫某些內容，因為他認為那樣會洩漏自己的一些隱私。

不過幸運的是，愛麗絲是我人際關係培訓班上的學員，她知道現在如果以命令的口氣讓那位先生填寫的話，不但解決不了問題，反而會更加麻煩，所以她並沒有命令這位先生必須填寫表格，而是採用提問的方法來讓那位先生接受銀行的規定。愛麗絲首先表示對那位先生的理解，因為那樣的確是有洩漏隱私的可能，然後愛麗絲表示，這些表格上很多地方並不需要填寫，那位先生顯得有些高興，像個勝利者一樣。

愛麗絲覺得時機來了，於是她問道：「先生，假如您不幸遇到什麼意外，您希望我們能把您的錢轉交給您的家人嗎？」那位先生想了想說：「這是當然。」愛麗絲接著說：「是的，我們也希望這樣，可是您如果不把您希望的這位親人的名字告訴我們，我們到時候真的會無能為力的。」那位先生沉思了一會兒，說道：「是的，你說得沒錯，我想，也許確實有這個必要。」

然後，情況發生了戲劇性的變化。那位先生態度緩和了很多，也沒有了剛才固執、傲慢的樣子，他此刻明白了，自己填寫這些表格並不是為了給銀行留下什麼，而完全是要顧全自己的利益，所以，他很快按要求填寫好了所有資料，而且，他還開了另一個信託帳戶，法定受益人是他的妻子。

愛麗絲真是一個優秀的學員，她把我教給她的東西運用得很到位。她一開始就讓那位先生回答問題，讓他不停地說：「沒錯，是的。」以至於那位先生把原來的問題忘得一乾二淨，而且非常愉快地接受了愛麗絲的建議。

可能女士們會說了：「卡內基先生，這種拐彎抹角的方法真的不適合我，我習慣直接給別人提意見，而且我也認為夫妻間說話沒必要那樣轉來轉去。」女士們，你們這樣的想法並沒有錯，且你們也完全可以讓丈夫接受你直接的建議，不過，這種方法的前提依然是以提問的方式進行。這個簡單有效的方法其實是我從西屋電氣公司的銷售代表伊莉爾女士那裡學來的。

伊莉爾女士所在的公司一直很想和一家工廠做生意，可是，伊莉爾的前任已經做了十年的努力都沒有成功，伊莉爾上任後接下了這個難題。在她的再三勸說下，那家公司雖然還是沒答應長期合作，不過買了幾台發動機，伊莉爾很高興，因為她認為這是一個好的開始，她得想辦法讓這種關係保持下去並且更加深入。

按照相關規定，一個月之後伊莉爾回訪了那家工廠，工廠的技術總監接待了她，伊莉爾還沒說話，那位技術總監就對她說：「對不起，伊莉爾女士，我想我們不能繼續合作下去了。」伊莉爾不明白這期間到底發生了什麼，她甚至還以為可以借這次機會和這個工廠繼續合作下去，技術總監有些高傲地說：「你們的發動機太熱了，我的手根本沒辦法放在上面。」

伊莉爾很清楚自己公司的發動機一點問題也沒有，這個技術總監完全是在找無理的藉口，可是她也明白，如果這時候和他發生爭吵，對解決問題是絲毫沒有幫助的，她以前也有過這樣的顧客，「據理力爭」的結果就是退貨退款，還讓公司背上不好的名聲。伊莉爾冷靜思考後對那位技術總監說：「您說得沒錯，先生，如果我們的發動機熱得嚇人，真的沒必要再買了。不過我想，您做出這種判斷一定是有根據的，您這裡一定有一套非常符合標準的發動機吧？」

「當然了，女士，你知道嗎？你們的發動機超過了標準熱度很多。」伊莉爾點點頭接著說：「我知道，先生。如果發動機的熱度再加上工廠內的溫度，一定快接近一五〇度了吧。」

「是的！」這是總監第二次表示同意。

「先生，我覺得沒有人會把手放在一五〇度的爐子上的，您認為呢？」

那位總監不得不說：「是的。」

「那麼我建議您以後最好不要把手放在發動機上。」伊莉爾笑著說。

後來，那位技術總監接受了伊莉爾的意見，不但沒有退貨，還表示願意再購進幾台機器。就這樣，伊莉爾讓公司與那家工廠保持了長期的合作關係。

女士們，是否覺得這個方法切實有效呢？而且它真的很簡單，是吧？你已經在心裡回答了兩個「是的」了，我相信你一定會這樣去做的。

給他一頂高帽子，讓他努力達標

沒有女人不渴望丈夫變得完美，恨不得全世界所有男人的優點和美德都體現在自己丈夫身上，可事實總是很殘酷，女士們的夢想總被無情的毀滅。她們的丈夫不僅固執、懶惰、脾氣暴躁，而且還有各種各樣讓人受不了的壞習慣或是癖好，似乎真的在他們身上找不到任何優點。女士們都在抱怨：「到底有什麼辦法可以讓他改變？」為了使女士們不再那麼苦惱，我想教女士們一種方法，也許你可以試試——給他一頂高帽子，然後讓他努力達到目標。

什麼是「高帽子」呢？你可千萬別把它誤會成那種虛情假意的稱讚，其實，我說的「高帽子」是一種希望，是一種使人成功的希望。莎士比亞曾經說過：「如果你想獲得一種美德，那麼你就應該假設自己已經擁有了它。」所以當女士們想在某一方面改變自己的丈夫時，那麼最好的辦法就是讓他覺得那種特點已經成為他顯著的特性之一了。

說真的，其實我原來也和很多女士的想法一樣，認為給人戴高帽子就是一種不道德的做法。後來，是我的一位朋友改變了我的想法，他叫威廉．詹森，是一名心理學家。

我和威廉．詹森討論過怎樣的心理才能使人成功，他問我：「戴爾，我知道你並不會下象棋，但是我現在告訴你，你是我見過下象棋下得最好的人，簡直就是我心目中的象棋大師。你會怎麼樣呢？」

「威廉，不要再取笑我了，什麼象棋大師，我連象棋的門都沒有入呢。」

「不，戴爾，我認為你就是象棋大師，不管你是否真的對象棋一竅不通，或是別人怎麼看，我始終這麼認為。」威廉一臉嚴肅的樣子不像是在開玩笑。

我有些不知所措，不知道該如何回答他。想了半天，我對他說：「威廉，謝謝你對我的信任。你真的這麼認為的話，我一定會努力去學習象棋，直到達到你說的那個水準，我可不想讓我的老朋友失望。」

威廉笑了：「戴爾，可真對不起，別這樣，我只是在做一個實驗而已！最近我一直在研究，一個別人賦予的『美名』，也就是我們平常說的一頂『高帽』，對於人們來說究竟意味著什麼你知道嗎？我的調查研究表明，幾乎所有人在戴上一頂高帽以後都非常努力，因為有一種驅動力讓他們覺得自己必須真正配得上這頂高帽子。其實每一個人（富人、窮人、乞丐、強盜），無一例外都在盡力保全住別人賜給自己的名稱，從心理學角度來說，這的確是敦促人們奮發努力的動力。」

我非常贊同威廉．詹森的話，其實丈夫們都很想盡最大的努力使自己成為那個理想中的人，但他們有時真的很難找到勇氣和信心的來源。妻子們，你們要知道送給丈夫一頂高帽是一件非常重要的事。

一位覺得自己很不幸福的女士這樣抱怨道：「救救我吧，卡內基先生，你簡直不能相信我丈夫是個什麼樣的人！他做過推銷，可是兩個月過去了，居然一件商品都沒有推銷出去；他做過維修員，可從沒修好過一件東西；他還當過售貨員，可每天接到的投訴比他賣出去的商品還要多。我真不明白，我當初怎麼會嫁給這樣一個愚蠢的傢伙。」

我問她：「那麼請問女士，你是怎樣對待你的丈夫的呢？」

「當然是罵他了，笨蛋、蠢貨這些詞用在他身上一點都不過分。但即使這樣，我仍然覺得很生氣！」女士有些激動地說。

女士們，你們會這樣對待你的丈夫嗎？如果也是這樣，我希望你們現在馬上改掉這種習慣，如果你們還想你們的丈夫有一天能出人頭地的話，總是稱呼自己的丈夫笨蛋、蠢貨，這勢必會打消他的積極性。說實話，做一個笨蛋、蠢貨比做一個成功人來說要簡單得多，因為在這種「惡名」的作用下，你們的丈夫每天都可以過得輕輕鬆鬆，反正一個笨蛋也不需要考慮太多事情。

試想，這位女士如果當初能夠告訴丈夫，她認為他是世界上最偉大的推銷員或是最出色的維修員的話，相信她的丈夫也不會是現在這個樣子。

女士們，如果現在讓你選擇——一個不整潔的丈夫和一個邋遢的女傭，我相信你們肯定都會毫不猶豫地選擇不整潔的丈夫，因為一個女傭不知道整潔的話，那麼你的家肯定會變成可怕的「地獄」，而且我很清楚，很多女士在遇到這種女傭時會毫不猶豫地辭掉她，但我的朋友森德夫人卻選擇去改變家裡不愛乾淨的女傭。

森德夫人前不久雇用了一個女傭，在女傭還沒上任之前，她向女傭的前一任主人打了一個電話，詢問一下這個女傭的情況。結果讓森德夫人很不滿意，在前任主人的眼裡，這是一個做起事來笨手笨腳，做飯讓人難以下嚥，而且還十分邋遢，打掃屋子從來沒乾淨過的不合格傭人。

不過森德夫人並沒有選擇放棄，因為前任主人說了，女傭的人品還是不錯的，所以她認為只要人品不差，自己完全可以讓那個女傭發生改變。不久，女傭來到了他們家，見面時，森德夫人溫和地對女傭說：「戴麗，通過你的前任主人，我得知了一些你的消息。」戴麗的臉色明顯變得陰沉起來，低下頭沉默不語。森德夫人繼續說：「真慶幸我請到一個這麼優秀的女傭，你的前任主人告訴我你很棒，不僅勤奮、誠實，做的飯菜還很可口。她說你們相處得很愉快，可就是說你有個小毛病，不太注意家裡的衛生情況。不過當我看見你，我就不擔心了，一個衣服整潔、長相乾淨的女人，怎麼可能會把屋子搞得一團糟。戴麗，歡迎你來我們家，我相信我們一定可以相處得非常好。」

結果當然是森德夫人的話都變成了真實，她們不僅相處得很好，女傭也很努力地把家裡的一切都打點得很好。因為她知道，在主人眼裡她是世界上最棒的女傭，所以她不能讓主人失望，也不能讓自己失望。她不僅從不會把房子搞得一團糟，很多時候甚至為了把房間收拾得更乾淨常常要加班，但她從來沒有抱怨過。

一個女傭在森德夫人的鼓勵、認可之下尚且可以做到如此優秀，你還不相信自己的丈夫可以做到嗎？很多人都是一樣，他們並不是看不到自己的錯誤，只是沒有改正錯誤的動力。女士們，減少你和丈夫之間爭吵最簡單有效的方法就是經常對他說：

「你是世界上最優雅的紳士」，「你是世界上最體貼的人」，「你是世界上最好的丈夫」……

另外，給丈夫戴高帽不僅能讓他接受你的建議改正錯誤，還會讓他對自己充滿信心。為了證實我的說法，我給大家講一個一頂精神上的高帽挽救了一個非常自卑的男人的故事，這是發生在我朋友喬納森身上的故事。

喬納森是個單身漢，獨自住在紐澤西的一個小鎮上，每天最讓他煩惱的事就是做飯，不過幸好他家附近有一個小飯店提供訂餐服務。喬納森因為長期在那家飯店訂餐，所以每天負責給他送飯的人也是固定的，那是一個名叫馬格利特的洗碗工。怎麼形容這個年輕的小夥子呢？《巴黎聖母院》裡的凱西莫多？我想這麼形容也不算過分，因為他真的很醜，你都可以從他的表情看出他每天活得有多麼難過，承受著肉體和精神的雙重折磨，這可不是誰都行的。

那天，喬納森遇見了一件很開心的事，一整天心情都很不錯。當他從馬格利特手裡接過披薩時，看見悶悶不樂的馬格利特，突然想說點什麼，想了想，他突然對馬格利特說：「馬格利特，我想你並不知道，你身上蘊藏著世界上最寶貴的東西。」

馬格利特聽完喬納森的話臉上並沒有什麼表情，也許他已經習慣壓抑自己的感情，也可能他害怕自己的行為會招致客人反感。沉默了好一會兒，馬格利特才開口說：「謝謝您，先生……我……雖然我不敢相信您說的是事實，但從您真誠的態度可以看出，您說的都是真的。」

說完以後，馬格利特轉身回到飯店，臉上依舊沒有什麼表情，不過心裡卻一直默默重複著喬納森的那句話。不知不覺間，一種自信的感覺從他心中升起，他突然意識到自己以前的想法有多麼愚蠢。那天以後，馬格利特的變化大家都看見了，這種變化並不是來自別人的關心，而是產生於他自身。馬格利特堅信，自己身上確實有一種美德，只是以前被忽略了。他不再那麼在意自己的外貌，他開始注重培養自己的技能和品德。

日子就這麼一天天過去了，一天，馬格利特再一次敲開了喬納森的門，把披薩遞給喬納森以後說：「喬納森先生，這是我免費送您的，因為我從明天起將不能再給您送飯了，我要結婚了，準備換一個離家近一點的工作。這一切真的應該感謝您說的那句話，沒有您的提醒，相信我現在仍然是個自卑的可憐蟲。」

每當喬納森說起這件事，他都感歎不已：「戴爾，真不能相信一句話有這樣的威力。你知道嗎？我當時就只是隨口說說，真沒想到，居然改變了他的一生。」

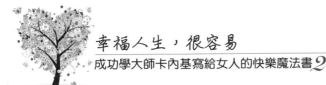

女士們，你的丈夫難道還沒有馬格利特幸運嗎？一個陌生人的一句話就能改變馬格利特的一生，想想你的丈夫，你們結婚那麼多年，說過那麼多話，可有說過一句這麼重要的話嗎？可能你的丈夫確實配不上那頂高帽，那些美名對他來說是有些過分的讚美。可那又能怎麼樣呢？他是你的丈夫，你選擇了他，就得認可他。就算你的丈夫不能做到你所期望的那樣好，但這總比什麼都不做要好得多。讓你的丈夫戴上那頂高帽子，讓他信心十足，難道不好嗎？

激發他的高尚動機

你知道男人最熱衷做什麼事嗎？抽菸？喝酒？看球賽？不對，都不對。也許這是很多男人共同的愛好，可是並沒有共性可言。對男人來說，最讓他們熱衷於去做的事，其實就是那些在他們看來是最正確的、最好的事。

著名的大盜加希．詹姆斯是我家鄉密蘇里州一個響噹噹的人物，想要瞭解他的願望使得我專程趕往加希的故鄉基尼，在詹姆斯農場我遇到了他的兒子。我們交談了起來，從交談中我可以明顯感受到，兒子對於父親以前所做的事感到非常驕傲，他跟我講了很多他父親的「英勇事蹟」。像他如何在員警眼皮底下搶了一列火車，然後把那些錢分給他家附近的農夫，好讓他們把抵押出去的土地贖回來。他和父親一樣，都認為這種做法是正確的，因為這叫「劫富濟貧」。他們並不認為這種做法是犯罪，反而覺得這是在替天行道，是在實現心中的理想。對他們來說，沒有任何事比搶劫、殺人更有價值、更有意義。

告訴你們這個例子的目的是想讓你們知道，其實每個人都對自己很尊重，都認為自己做的事才是最正確的事，只有自己才是這個世界上最善良、最無私的人。在男人的眼裡，按照自己的想法去做的事情才是最高尚的，我習慣把這種想法稱為高尚的動機。你的丈夫做事時也都遵循這樣一條準則。

女士們，當你丈夫心理的高尚動機被你激發起來了以後，改變他就是一件非常容易的事了。美國著名的心理學家約拿德・卡特曾經說過，每個人在做事時都會給自己找兩個恰當的理由：第一個是這件事看起來確實不錯；另一個是這件事的確不錯。

伊爾女士有一個幸福美滿的家庭，三個可愛的孩子，一個疼愛她的丈夫，一家人生活得其樂融融，不過，美中不足的是，丈夫有個小毛病，且因為這個毛病會危及他的健康，所以這讓伊爾女士很擔心。也許是小時候家庭環境比較優渥，丈夫喬治對食物特別挑剔，他從不吃蔬菜，只喜歡吃特別油膩的東西，吃麵包時他總是把外面那層硬皮剝掉，因為他說那些東西吃起來是在折磨自己的喉嚨。三個小傢伙也因為他們有這樣挑食的父親在縱容他們，所以飲食方面顯得非常不健康。

為了幫丈夫改掉這個壞習慣，伊爾女士試過很多辦法，可都沒有很好的收效，參加我的培訓課以後，伊爾女士想換一個方法試一試。那天回家後她對丈夫說：「親愛的，我看書上說父母是孩子的第一任老師，我覺得挺有道理的，你同意嗎？」喬治點點頭說：「沒錯，親愛的，孩子的確會向我們學習很多東西。」伊爾繼續說道：「那親愛的，你說我們該怎麼做呢？」「當然是給孩子們做好榜樣。」喬治回答道。伊爾點點頭說：「我也是這樣想，親愛的，你有沒有發現我們的孩子很挑食，我覺得那樣對他們的身體不好。」喬治點點頭表示贊同。伊爾有些高興，接著婉轉地說：「那麼親愛的，我們是不是應該給孩子們樹立榜樣呢？」喬治突然明白了伊爾的用意。從那以後，他真的很少挑食，孩子們也慢慢改掉了挑食的壞毛病。

就因為妻子的一句話而改變了，妻子的話真有那麼大的作用力嗎？其實，真正起作用的並不是妻子簡短的幾句話，而是因為這幾句話讓喬治覺得，給孩子們做好榜樣是一件非常高尚的事，也正是在這種高尚動機的促動下，喬治才下決心改掉挑食的毛病。

一位著名的女星發現報紙上刊登了幾幅她十分不願意公開的照片，於是，她提筆給報社寫了一封信，第二天，那家報紙就把照片撤了下來。她在信中是這樣寫的：「我知道貴報社並不是針對我才發表這些照片的，隱私照片的確能給一家報社帶來更多的讀者，讓報紙獲得更多的利益，但我希望你們能明白，這樣的做法同時也會傷害到一個母親的心，沒有一個母親希望那麼多人看見女兒那樣的照片。」女星聰明地利用了人人都崇敬的母性倫理觀念，激發了報社編輯的高尚動機，因此才很好地解決了問題。我想，如果信中的內容是不計後果的謾罵或恐嚇、威脅，那麼這件事肯定不會如此順利解決。

洛克菲勒也用過同樣的辦法保護了自己的孩子。他非常不喜歡那些記者為了所謂的頭條新聞而讓他的孩子們遭受記者的打擾，所以他就對記者說：「我相信你們也都有孩子，當你們的孩子受到這樣的騷擾，你們將是什麼樣的心情？你們這樣拍照，真的會把這些孩子嚇著的，請你們將心比心理解我的感受。」記者們放下了手中的照相機，因為洛克菲勒激發了他們心中愛護兒童的高尚動機。

女士們是否開始思考，為什麼他們的這種做法會有如此大的魔力呢？或許你還會想，這不過是因為那些記者和編輯比較有修養罷了，對於自己的丈夫，那個蠻不講理的男人，這樣的方法有效嗎？所謂的高尚動機在他眼裡根本一文不值，不管用什麼方法，對那些男人來說都是徒勞。

我可不同意你的想法，也許你的丈夫有些不講理，也許你的丈夫有些獨裁，可是你的丈夫依舊是一個正常的人，有正常的心理，而且你們之間還有愛做基礎，所以，沒有什麼不可能的。一個企業勸說顧客改變想法遠遠要比你們勸丈夫改變想法困難得多，可是，仍然有那麼多成功的例子。

一家汽修公司碰上了六位同時在維修工作結束之後拒絕支付費用的顧客，理由是他們認為有些收費並不合理，但是他們都在維修驗收單上簽字了，證明整個過程沒有錯誤，所以汽修公司工作人員堅定地認為顧客必須支付欠款。

可是那六名顧客就是拒絕支付，於是公司的信用部對那六位顧客展開了一系列的行動，如拜訪、解釋、威脅、言語恐嚇……什麼方法都試過了，六名固執的顧客仍舊不付他們的帳單。

公司的做法讓顧客們不服氣，問題也無法解決，以至於最後，公司和顧客之間的矛盾越來越激化，那幾位實在沒辦法的信用部經理都做好了訴諸法律的準備。後來，這件事被總經理知道了，為了避免不必要的麻煩，他表示願意親自去拜訪那幾位顧客。

總經理調查了那些顧客的信用度，他發現這些顧客都是很守信用的人，而且他們同時拒絕付款，這事顯得有些蹊蹺。因此，總經理斷定這肯定是在什麼環節上出了問題，而最能讓人想明白的，就是在催討的方式上明顯讓顧客不滿意了。於是，總經理決定親自去向那幾位顧客收帳。

總經理分別拜訪了六位顧客，他沒有表明自己的身份，也沒有直接說明自己是來催款的。他只是一再強調，他是來調查到底公司做錯了什麼，以至於顧客們如此氣憤，儘管他心裡十分清楚，那份帳單是沒有一點問題的。總經理對顧客說，公司從來沒有宣稱自己毫無錯誤，他也不會隨便發表自己的意見，他只是想從他們那裡聽到一些真誠的想法，他還表示，現在公司最關心的就是這六位顧客的汽車。接著，總經理很專注地去聽了那六位顧客的發言抱怨。

最後，總經理表示了自己的身份，並向顧客們承諾說：「感謝你們的配合，我想在這件事情的處理上顯然我們有很多不妥之處，這使您的正常生活受到了干擾，以至於讓您感到氣憤。我在這裡，代表公司向您表示歉意，這都是我們的錯。和您接觸以後我發現，您是一位正派且很有愛心的人，所以我斗膽請您幫我一個忙。我們都不想把事情鬧大，我相信您也一定有了最好的辦法來解決這件事，雖然我有權力去更改這份帳單，但是我現在想把這份權力留給您。我相信您，而且不管您做出的是什麼樣的決定，在帳單上填寫多少金額，我們都會絕對服從。」

結果，六位顧客的帳單金額一個比一個高。不敢想像，一句「正派且有愛心的人」居然會如此輕易地解決了這件複雜的事。女士們，和這六位難纏的顧客相比，你的丈夫應該好很多吧？人都喜歡聽好聽的話，這是天性，人也願意做自己認為正確的事，這也是天性。當你的話激發出你丈夫的高尚動機後，相信他們會心甘情願地改變自己。

女士們，沒人不願意成為高尚的人。每個人都在內心把自己理想化，每個人也都喜歡給自己的一切行為找到一個高尚的動機。當你的丈夫擁有了一種高尚的動機，你就不需要再向他強調什麼了，他會做得遠遠超出你的想像。

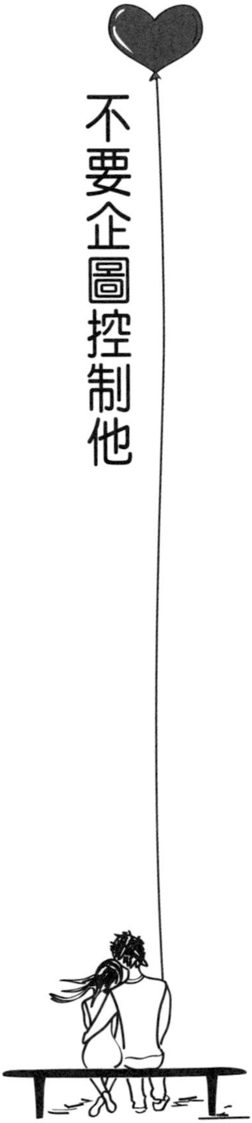

不要企圖控制他

在男人心中，都有一個「國王」的夢想，雖然現實很難讓他實現這個夢想，但沒有男人希望自己的妻子是一個「女王」。做「國王」的夢想無法實現，也許他們還能接受，可你要想讓他認為自己是家庭的附屬品，或是妻子的奴僕，那是他們絕不允許發生的事。未婚男人害怕在婚後失去自由和自主的權力，已婚的男人渴望自己能夠掌握家中的大權。

芝加哥大學心理學教授唐納德·寵物曾經勸告女士們說：「一個精明的女人在婚後學會的第一件事就是順從。對男人們來說，他們在心裡渴望能掌管一切事情，包括自己的工作、家庭的財政支出乃至家務勞動，儘管他們不可能做到，但他們仍不能忍受被妻子控制。」

唐納德的話遭到很多女士的非議，女士們氣憤地說：「憑什麼要我們順從男人？那簡直就是自取滅亡，男人們都自私到根本不會考慮妻子的感受，我要是真的給了他控制我的權力，他還不樂翻了天？他會肆無忌憚地在外面花天酒地，還說什麼考慮事業和家庭？這個家要不是有我的控制，他早就把心思放在工作以外的事情上了，真不敢想像，要是那樣的話，這個家就會陷入前所未有的危機當中。」

女士們，人的天性很難用一種高壓手段來控制住的，男人們在事業上取得了一點兒成就之後就容易開小差，這是男人的天性。所以，如果你妄圖用控制丈夫的方法使丈夫在事業上取得更進一步的成就，效果只會適得其反。

妮達最近簡直要發瘋了，她丈夫居然背著她和公司的一位女同事好上了。她在我面前一把鼻涕一把眼淚地哭訴道：「卡內基先生，我真的很難過。我每天得上班，還要照顧孩子，還要做所有的家事，這些事情快把我壓得透不過氣來了，但我沒有抱怨過，還要每天為他操心。早上為他準備好早餐，替他準備上班要穿的衣服，囑咐他在公司應該做的事情，還得仔細檢查他的錢包，確保裡面沒有足夠的錢讓他可以去酒吧或是其他娛樂場所，而且，每天晚上我還要認真聽取他的報告，以便為他的事業發展作出下一步計畫。我這麼用心良苦地對他，都是為了他好，希望他不被工作以外的事打擾。可他居然這樣對我，不僅工作上沒有取得一絲進展，還背著我偷偷和公司的另一位女同事好上了。」

「你問過他為什麼要那樣做嗎？」「當然，我在知道這件事以後，就去質問他。可那個沒良心的男人居然還向我發火，他說我一直都在強調是為了他好，可是我一點都沒有顧及過他的感受。還說自己每天像一個奴隸一樣生活，沒有自由，沒有自主，不管做什麼事都要受到我的監視。他說現在的家庭並不是屬於他的，而完全是屬於我的，所以，他不想再為別人的家庭付出努力。天啊，卡內基先生，您能相信一個男人居然說出這樣的話嗎？他說他要自由，他要快樂，他還每個月都給自己留下一部分錢，讓自己去放鬆。他說我和他是女王與僕人的關係，而他想要的是一份平等的愛情。那個女人能給他想要的一切。」

聽完妮達的講述，我確實很同情她，但我也想不出埋怨她丈夫的理由。我對妮達說：「我很同情你的遭遇，但我覺得你有必要好好反思一下自己。你控制了丈夫的一切，剝奪了他所有的自由，使得丈夫對家庭失去了責任感，這樣會讓他感覺並不是在為家庭工作，而僅僅是在為妻子打工。他認為事業和自己沒有什麼關係，因為一切成就都會歸你所有。所以，他才會去追求刺激，追求享受，因為那些東西是屬於他的。如果我是他，我想我也會這樣做，而且我可以這樣告訴您，任何男人面對這樣的情況，在自己得不到應有的尊重時，都不會把養家當成責任。」

女士們，想要操控丈夫的危害遠遠超出你們的想像。男人自由和自主的權力被剝奪，而且還被傷害到了自尊，他就會失去激情，失去責任感。為了使自己免受壓迫之苦，他們會抓住一切機會出去放縱自己。

所以女士們，你們得放棄想要控制丈夫的想法，而且應該對他的思想表示出充分尊重。你要向丈夫傳遞一種訊息，那就是他對整個家庭很有影響力，而且你十分信任他的工作能力和自制力，這種信任會給他增添無窮的力量，也會讓他覺得自己在家中扮演著一個十分重要的角色，整個家庭都要靠他來維持。自然而然，這種使命感會讓他集中精神去努力工作，同時也會更加愛你。

蒂娜是個聰明的女人，她和鄧肯結婚已經五年了，五年的時間裡，他們很少發生爭吵，兩人相處得非常融洽。蒂娜和其他女人最不一樣的地方就是，她很少過問鄧肯工作上的事，也不會詢問鄧肯在下班後去了什麼地方。家裡的財務她更是放手不管，她從不去問丈夫的口袋裡有多少錢。有些女士不理解了：「蒂娜肯定會把丈夫慣壞的。」可事實卻並非如此。鄧肯不但從沒有無緣無故地晚回家，而且每個月的薪水也會準時存進銀行。五年的時間，他在妻子的幫助下，已經從一個小職員升任為部門經理了。

蒂娜這種看似放任丈夫的做法為什麼會收到這麼好的效果呢？為此我專門採訪過鄧肯先生，現在就來聽聽他的心裡話吧！「早在結婚之前，我就聽朋友們說，婚姻是愛情的墳墓。結婚的男人就好像住進了監獄，沒有一點自由。聽了我挺害怕的，我可不想過那種被別人控制的生活。所以結婚以後我就開始偷偷地存錢，還制訂了一系列應付婚後生活的計畫。」我接著問他：「你現在還是這樣的想法嗎？」鄧肯微笑著回答：「我現在完全沒有這樣的想法，是我的妻子讓我發生了改變。結婚後，我不但沒有感覺被控制，反而覺得比以前更幸福、更自由了。蒂娜也在工作，而且我也可以支配她的薪水，我感到很滿足。」「你很少出去應酬吧？」「是的，卡內基先生，我可不願意拿我們辛苦賺來的錢去花天酒地。整個家庭都需要我照顧呢，如果我不能合理地安排日常開支，我的家庭將陷入財務危機。我的妻子如此信任我，我也不想讓她失望，我希望靠我的能力能讓我們生活得更好，所以我很努力地工作，並且取得了一定的成就。我真的很感謝我的妻子，她讓我覺得自己很重要，也讓我心甘情願地努力付出。」

美國婚姻關係研究機構曾經在《婚姻與家庭》雜誌上發表過這樣一篇文章，文中寫道：「我們曾經調查過一千名喜歡在下班後出去『鬼混』的男人，發現他們絕大多數都是在家裡沒有自主的權力。研究表明，他們都是因為忍受不了家庭所帶來的壓力才出來的，並不是因為他們喜歡那樣的生活。還有的男人說，『鬼混』就像是毒品一樣讓他們著迷，因為那種感覺真的很奇妙，能夠讓他們感到在家從未有過的放鬆。」男人就是這麼一種奇怪的生物，你越是控制他，他就越想做不該做的事，當你給他一些自由，他反倒會自己約束自己了。

那女士們真的只能放任丈夫「胡作非為」嗎？當然不是，我雖然勸女士們不要有控制丈夫的想法，可並不代表讓女士們對丈夫一些錯誤的做法視而不見。只是，幫助男人要講究方法，讓他高高興興心甘情願接受你的意見，才是最好的結果。

托哈因為太大的工作壓力，每天下班後都會到酒吧喝酒，而且不醉不歸。這個壞習慣顯然已經嚴重影響到托哈的日常休息，這讓他沒有足夠精神去應付第二天的工作，並形成惡性循環。這可把他的妻子安吉麗娜給急壞了，她一直都想勸丈夫，可不管是好言相勸還是大吵大鬧，甚至以離婚作為恐嚇，都沒有顯著效果。這天，安吉麗娜決定改變以往的策略，要換一種新的方法來勸說丈夫。

早上吃完早餐，托哈剛要出門，安吉麗娜突然說：「親愛的，你錢包裡應該沒錢了吧？今天去酒吧夠用嗎？這些，給你帶在身上！」說著就把一百美元遞給了托哈。

托哈詫異極了：「你怎麼了？發生什麼事了嗎？」安吉麗娜笑了笑說：「親愛的，沒有發生什麼事。只是我想明白了，這些錢是你工作賺來的，你完全有自己支配的權力。你工作了一天後應該放鬆放鬆，喝酒確實是一個好辦法。你去吧，晚上我給你準備好晚飯，早點回來。以前是我不對，我向你道歉，你才是一家之主，家裡的一切還有你下班後的時間都由你自由支配。」

那晚，托哈破天荒地準時回到了家，並對安吉麗娜說：「親愛的，我真沒想到你會這樣想，既然你認為我是一家之主，我就必須得為這個家負責。我今天好好想了想，我每天去酒吧不但浪費了很多錢，且第二天根本就沒有精力好好工作。再這樣下去，我們家就不能維持正常的生活了。以後，我會天天回來陪你吃飯，這也是我作丈夫的義務，以前我有不好的地方，我也向你道歉。」

安吉麗娜並沒有運用什麼高深的技巧，她只不過是還給了丈夫本該有的自由。你對丈夫的信任他看得見，一個值得你愛的男人會因此自願地將全部精力投入到事業和家庭中。

不要讓你的野心害了他

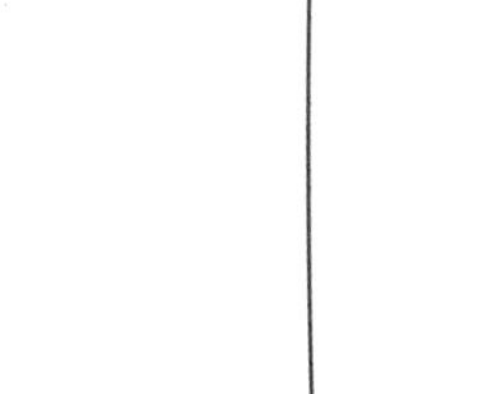

說一個男人野心勃勃，其實是在說他很有進取心和事業心，沒有野心的男人就不會在事業上有所成就。但說一個女人很有野心，那就是一件讓人高興不起來的事了。一個女人的野心，特別是一個妻子的野心，很可能會害了自己的丈夫。

「對一個男人來講，最可怕、最恐怖、最可悲的事情莫過於遇到一個野心勃勃的女人。」這話出自一位詩人之口，話雖說得有些偏激，但還是有一定的道理。因為妻子的野心害得丈夫在事業上沒有翻身的機會，這樣的例子我見過不少。

傑克．勞倫先生不是那種事業有成的人，他只是一家公司的小職員，收入不高，但維持家庭日常開支是絕對沒有問題的。傑克不是那種野心勃勃的男人，所以對現狀他感到很滿足，可不幸的是，他遇到了潔西卡，一個野心勃勃、不甘平凡的妻子。

別人的丈夫勞累一天回家以後總是可以享受到一頓豐盛的晚餐，可是當傑克拖著疲憊的身子回到家中時，所要做的第一件事就是詳細地向妻子彙報自己的工作情況，並且還要虔誠地聆聽妻子的教誨。

潔西卡對丈夫現在的狀況很不滿意，她對金錢的野心簡直到了讓人生畏的地步。在她心裡，只有像安德魯．卡內基或是洛克菲勒那樣的人才配得上自己，她對嫁給一個這樣平凡的男人感到很不甘心。為了讓丈夫達到自己理想的標準，她每天晚上都要教訓勞倫先生一番，說法千篇一律，大概就是做一名小職員永遠也沒有出頭之日，不如放棄工作去經商。雖然勞倫先生很清楚，自己根本不是做生意的料，但在妻子的一再堅持下，為了滿足妻子對金錢的野心，勞倫先生只好辭職，做起了販賣皮毛的生意。

結果，確實和勞倫先生想的一樣，因為沒有經驗，而且準備得也不夠充分，傑克在經商的第二年就賠光了所有的積蓄。本來做生意失敗是很正常的事，也沒什麼可怕的，可是潔西卡的做法完全打敗了勞倫，她把失敗的罪責全都推到了他的身上，而且一句話也不願意跟他說。最後，勞倫先生在悲憤中自殺身亡。

這件事被刊登在《紐約時報》上面。對金錢的渴望本來是無可厚非，沒人不喜歡物質享受，可是潔西卡把野心注入到這種渴望中，這時，一切都變得不再正常了。潔西卡用盡一切辦法逼迫自己的丈夫，讓他按照自己的意願行事，結果使得丈夫忍受不了這種壓力而選擇了自殺，潔西卡最後得到了什麼呢？不但沒有得到渴望的金錢，還失去了深愛自己的丈夫。

女士們，渴望自己丈夫獲得成功的想法誰都能理解。只是你必須明白，他是你的丈夫，是一個男人，他有自己的想法，不要把他當做實現你野心的工具。你應該做的是想辦法幫助他，讓他能夠更好地為實現你們的目標而努力。

辛蒂斯．德勒爾太太在這點上就做得好像比潔西卡聰明一點，不過結果……

她是一個普通農民的女兒，一直做著嫁入豪門的美夢，不過現實讓她明白，這並不是一件容易的事。她結婚了，雖然不是嫁入豪門，但丈夫條件也不錯。德勒爾先生在政府機構做秘書，她並沒有像潔西卡那樣整天逼迫自己的丈夫，而是採取了另外一種更加委婉的方法：間接干預。辛蒂斯非常清楚，要想實現自己的夢想，只能靠自己的丈夫，而且還不能太過分地逼迫他。

德勒爾先生的工作無疑給辛蒂斯提供了大顯身手的機會。辛蒂斯總是自以為是地在丈夫工作上遇到問題時教他該怎麼做，並且還傳授給丈夫一些獲得上司好感的方法。她教德勒爾先生不要太高調，教他如何察言觀色，教他如何觀察時機，甚至經常買東西讓丈夫去向上司獻殷勤，可德勒爾先生只想做好自己的工作。他問妻子為什麼如此熱衷於干涉他的工作，辛蒂斯直言不諱地說：「因為我希望有一天能夠有人恭敬地稱我為州長夫人。」

可是，後來的事情卻慢慢偏離了辛蒂斯設計的道路。德勒爾先生堅決辭掉了政府的工作，還向她提出了離婚。德勒爾先生是這樣給哭泣著的辛蒂斯解釋的：「我只是一名小小的秘書，可是這個工作讓我感到很快樂，以前的我一直得很開心，但自從你開始干預我的工作之後，我發現自己再也體會不到那種樂趣了。我覺得自己像是你的工具，是實現你野心的工具。我深愛著你，所以我不想讓你失望，我試著按照你所說的去做，但是我發現我真的做不到。我覺得自己迷失了方向，我甚至不知道自己是誰了。我快要崩潰了，所以我只能選擇退出，我要去找真正屬於自己的路，我不希望任何人給我壓力，我想快樂地享受每一天的生活。對不起，辛蒂斯，我想我們不適合在一起。」

女士們，聽聽這些男人的心聲吧！辛蒂斯沒有像先前那位女士那樣逼迫自己的丈夫，可是卻讓他迷失了方向，他甚至不知道自己這麼多年的工作是為了什麼，是在為誰工作，也不明白自己的出路究竟在什麼地方，所以他要反抗。妻子的野心把他嚇著了，他覺得自己必須擺脫她的控制，他需要的是一種快樂、自由的生活。

女士們，現在你們明白了嗎？你的野心對你的丈夫真的是有百害而無一利。野心對你來說也許只不過是一種心理上的欲望，但對你的丈夫來說無疑是滅頂之災。

我記得我在培訓課上說出我這樣的觀點時，突然有一位女士站起來反駁我說：「卡內基先生，我並不同意您的觀點，難道女人就不能有野心嗎？我承認，我就是一個有野心的女人，可是我從來沒有想過要我的丈夫做什麼，也沒指望過那個傢伙能做出點什麼，我的野心不靠別人來實現，而是靠我自己。」

這位女士的話真是道出了很多女人的心聲，特別是那些在婚後依然工作的女士。她們認為，如今這個社會，女人獨立自主是很重要的，女人也應該有野心，女人要自立自強，要通過打拼來實現自己的夢想。

我也同意女士們的這種想法，這樣的想法並不過分，而且還非常正確。只是，我想提醒女士們，這一切是有前提的。這前提就是你已經具備了獲得成功的條件，而且要有取得成功的資本。而往往那個時候，你對成功的渴望被稱為理想和進取心，而不是可怕的野心。

再舉一個例子吧，讓女士們更清楚地瞭解女人的野心對男人意味著什麼。

唐納和瑪麗結婚好幾年了，一直沒有孩子，原因在於瑪麗不能放棄事業全心投入家庭。瑪麗從小就是一個爭強好勝的人，不管做什麼都要求自己做到最好。結婚之前，唐納就希望瑪麗能在結婚後辭去工作，那樣的話自己就可以把所有精力都投入到工作中了。但是好勝的瑪麗並沒有答應唐納的請求，他和唐納商量，他們都還年輕，她還不想就這樣做一個家庭主婦，她希望通過自己的努力能打拼出一片天。唐納覺得妻子說的也有道理，就答應了她的請求。

可是，好幾年過去了，瑪麗的事業沒有一絲進展，依然還是做著原來的工作。而且唐納現在越來越忙，每天都要工作到很晚，對於回家後能享受老婆、孩子圍繞的想法越來越強烈。

於是，唐納再一次對瑪麗提起希望她辭去工作的事，可是瑪麗想也沒想就說：「這不可能！我不能放棄我的事業，而且就算不工作了，我也有其他的事情要忙，實在不行，我們請個傭人吧！」唐納聽後非常傷心，這麼多年了，自己從未體會過什麼叫家庭的溫暖。後來，唐納實在忍受不了這種折磨，終於提出離婚，和另外一位很願意為她照顧家庭的女人結了婚。

女士們，不管你們願不願意承認，我還是要這樣說，現在這個社會依然還是以男人為主的，現實確實就是這樣——男人比女人更容易取得成功。所以，當女士們不具備成功的條件和資本時，就該想辦法給自己的丈夫提供各方面的幫助，讓他們能夠安心工作，讓他們可以取得輝煌的成就，不要為了自己那微薄的野心而棄家和丈夫於不顧。女人最需要的還是一個溫暖的家，我在這裡還想讓女士們注意一點，那就是就算你們真的通過努力取得了成功，也並不代表就能對丈夫有所幫助。男人的自尊心太強，很少有男人能正確看待妻子取得成功，他們絕大多數都會因為妻子比自己成功而失去信心。試問一個沒有信心的男人如何取得成功？

對於任何一個男人來說，他所需要的是一個能夠給他細微關懷，並且能夠幫助他的人，而絕不是一個野心勃勃，甚至因為她的野心而毀了自己的女人。

第3章

幫他成就事業，做他背後的偉大女人

每一位成功男人的背後，都有一個默默付出的女人。也就是說，如果你希望自己的丈夫能夠做出一番事業，那麼你就不能坐視不管，應該積極配合他的工作，瞭解他的優劣長短，幫助他確立符合實際的目標，做他最堅固的後防線。

鼓勵他做適合自己的工作

彼得·斯德克博士所寫的《怎樣停止謀殺自己》一書中有這樣幾句話：

「那些女人真的應該受到強烈的譴責，她們憑什麼那樣過分地強求自己的丈夫？她們的要求永遠沒有止境，她們希望自己的丈夫位高權重，而不在乎自己的丈夫是不是真的喜歡。這些女人的目的僅僅是為了超過他們的鄰居。」

「這樣的女人好像天生就很勢利，而且後天的影響更刺激了她們這種天性。而就因為這樣的天性，很多原本幸福美滿的家庭都毀掉了。我真不明白，這些女人到底是在追求什麼？」

女士們，看了這段話，你們有什麼感受呢？你的丈夫是不是那樣的可憐男人？你是不是也經常強迫自己的丈夫去符合你心中的「成功模式」？那樣的男人很可憐，那樣的女人很可悲，那樣的家庭很不幸。

約翰·莫科德所寫的小說《無法回頭》相信很多女士都讀過，我認為書中那個可悲的社會就是對現實生活的最好寫照。那是一個沒有個性，所有的行為、舉止都力求與傳統統一的社會，裡面那個自私的妻子讓我印象深刻，原本積極樂觀的丈夫為了滿足妻子的願望，被迫辛苦地往上爬。為了證明他對妻子的愛，丈夫完全聽從妻子的安排，最後，當他後悔並且想要回頭的時候，卻發現已經是完全不可能的事了，他已經陷入了一個與他自身個性完全不一樣的社交圈中，不能自拔。

這樣的事情在現實生活中也很多見，真的讓人感覺悲哀，這樣的事對每一個幸福的家庭來說，無疑都是一場滅頂之災。很多女士並沒有認識到「強迫」自己丈夫去做一項他不喜歡的工作是一件多麼危險的事，哪怕那份工作很體面，也能給家裡帶來高收入。

三年前我和妻子去倫敦旅行，一天傍晚我們在街上散步，遇見了我們很久以前的鄰居萊斯女士，這是一個很愛面子、喜歡在別人面前誇誇其談的女人。萊斯女士驕傲地告訴我們，她丈夫已經晉升白領階級，而她也進入了上流社會。

在他們結婚以前，萊斯的丈夫是一個非常不錯的電焊工，這個工作是他從小的夢想，雖然辛苦，收入也不多，但他生活得很快樂。結婚以後，萊斯女士對這樣的情況很不滿意，她羨慕別人的丈夫每天拿著公事包體面地去上班，她也堅定地認為自己的丈夫適合這樣的工作。

在她再三的勸說之下，丈夫找到了一家大公司，做起了上班族。電焊機變成了筆桿子，在太太的幫助下，丈夫很快就連升幾級。可是這樣安靜、枯燥的工作並沒有給丈夫帶來一絲樂趣，他是真心喜歡電焊這個工作，所以，萊斯的丈夫過得十分苦惱。不過萊斯卻覺得這樣很好，她終於可以在別人面前誇耀了，因為是她讓丈夫從一個不值錢的工人變成了一個體面的上班族，只是從前那個快樂的小夥子變成了現在這個很不快樂的男人。

有的工作確實體面，讓人羨慕，但它並不一定適合你的丈夫，你讓他去做一項他不喜歡的工作，結果只是讓他感到非常委屈。最後，你發現你所做的一切都是在自掘婚姻的墳墓。

珍妮．維斯特不但長相甜美，而且因為繼承一筆巨額遺產讓她成了真正的單身貴族。朋友們都認為珍妮一定可以嫁一個溫文爾雅、英俊瀟灑的丈夫，可是珍妮結婚時，她丈夫的出現讓大家都大失所望。這個名叫湯姆．卡萊爾的男人，沒有英俊的外表，沒有瀟灑的氣質，看上去也並不溫文儒雅，聽說他還是個沒有半分財產且傳統思想十分頑固有著蘇格蘭血統的人。朋友們都不能理解珍妮為什麼會選擇這樣一個沒有前途的男人，都認為她葬送了自己的幸福。

珍妮真的以後就沒有幸福了嗎？事實告訴我們那些人錯了。因為湯姆以及他和珍妮的婚姻，已經成為了一個傳奇故事。

珍妮和湯姆是因為寫作認識的，當發現對方身上有很多和自己相像之處時，兩個人走在了一起。結婚後，珍妮為了丈夫甘心放棄愛好，還花錢在蘇格蘭鄉村一個偏僻的地方蓋了一間房子，目的是讓自己的丈夫能夠不受干擾，在那裡安心寫作。兩個人幾乎過著與世隔絕的日子，從小嬌生慣養的珍妮學會了縫衣服，學會了做飯，做起了一名儉樸的家庭主婦。她不但從沒有抱怨過，更沒有想過要讓丈夫改變什麼。湯姆的身體不好，珍妮總是十分細心地照料他，當丈夫的心情鬱悶時，珍妮成了最好的傾聽者，丈夫每寫出一點東西，珍妮總是最忠實且著迷的讀者。

後來湯姆成功了，也出名了。像其他作家一樣，湯姆受到了很多漂亮女人的傾慕，可是珍妮對這一切從來都沒有在意過，因為她知道，那些丈夫忠實的追隨者能夠給他的作品吸引來更多的注意力。

湯姆的巨著《法國革命》和《克倫威爾的一生》，讓很多讀者把湯姆當成偶像一樣崇拜，不光這樣，湯姆．卡萊爾還成為愛丁堡大學的名譽校長，而他和珍妮現在的家，如今也成為那些文學天才的聚會場所。

女士們，我想你們都很羨慕珍妮這樣的幸福吧？可是，你們會像珍妮那樣不計後果地付出嗎？珍妮身上最值得人們敬佩的優點，就是她從始至終都沒有想過要改變自己丈夫的個性。珍妮給湯姆寫過一封信，現在這封信非常有名了，信裡有一段話讓我印象深刻：

所有人都成為一個模式可不是一件好事。我很希望自己可以拿著一支筆，在每個人的周圍畫上一個圈，然後告訴他們：想要發揮你獨特的個性，就不要走出圈外。

我很敬佩珍妮女士，因為她的睿智，更因為她對丈夫的理解和支持。我想要是換了別的女士，大概早就開始思考要怎樣來改變湯姆個性中那些不合時宜、頑固不化的地方了，雖然那也是為了湯姆好，只是珍妮一直把心思放在如何發揮丈夫的長才上。她之所以選擇湯姆，就是因為她喜歡他本來的個性，那樣的他才具有真實的靈魂。同時，珍妮也希望整個社會都能夠接受真實的湯姆。

女士們，有時幫助一個男人正確認識自己的能力與強迫男人做超出自己能力的事這兩者之間既微妙又很神奇。你得明白不是所有的男人都是聖人，更何況聖人的能力也是有限的。一個好妻子是不會逼迫丈夫做他不喜歡的事的。

湯姆真是個幸運的男人，因為他有這樣一個懂事體貼的妻子。不是我危言聳聽，超負荷的壓力會使你丈夫的神經系統難以忍受，以至於導致他神經衰弱。

警官克拉克．辛斯頓是個十足的工作狂，他十分喜歡這份有挑戰性的工作，每當有刑事案件發生時，他總是顯得異常興奮。在他的孩子出生後，上級基於人性化的考慮，把他調到一個新的部門做主管，主要負責一些行政事務。這份工作沒有危險，上下班也很正常，而且薪水也很高，但壓力卻很大。克拉克本來就是那種安靜不下來的人，再加上這份工作的壓力，克拉克實在很不願意接受，可是出於各方面的考慮，他最終還是接受了這份新職。

一個月過去了，表面上看起來一切都顯得很正常，可實際上，只有克拉克知道自己已經發生了很大的變化。他開始失眠，脾氣也變得非常暴躁，人也開始消瘦。妻子看出了他的變化，於是陪他去看醫生，希望能找出病因，可是各項檢查之後，醫生確認他身上沒有一點毛病。當瞭解了克拉克最近的狀況以後，醫生告訴他：「你的病來自你工作上的煩惱。」

體貼的妻子知道情況後，回家就給警察局局長打了一個電話告之詳情，她希望局長能夠讓丈夫重新回到原來的職位上，她對局長說，如果他不能從事那份他喜歡、適合的工作，遲早會在現在這份工作上累垮的，而且紐約也將失去一位非常出色的員警。

局長答應了克拉克妻子的請求，克拉克被調回了原來的職位，很快，他就恢復了健康。克拉克說：「我很慶幸我有這樣一位善解人意、體貼的妻子，我也明白了，金錢、地位與自己能夠高興、愉快地去做一份適合的工作比起來，實在是太微不足道了。」

女士們，鼓勵你的丈夫去做適合他自己的工作吧！哪怕那份工作沒有高地位、高薪水、高待遇，它卻能帶給他高情緒、高希望、高滿足。讓你的丈夫自由地發揮他的才能，並且默默地支持他做他喜歡做的事。這是一個好妻子的表現，更是讓你自己更加幸福的好方法。

幫他確定人生目標

一九一〇年，我還是一個來自密蘇里州玉米栽種區、就讀於美國戲劇藝術學院不諳世故的幻想家，我在紐約和另外一個來自麻塞諸塞州的鄉下孩子合租了一間公寓，他的名字叫惠特利。

惠特利雖然出生在農村人家，但卻和很多鄉下窮困孩子有著不一樣的想法，在還沒能完全解決自己溫飽問題時他決心要成為一個大老闆。剛開始，惠特利在紐約一家食品連鎖店當售貨員，他那時幹勁十足，常在午餐時到批發部門去幫忙，這並不是為了得到額外的薪水或別人的感謝，他僅僅是為了熟悉業務。沒多久，部門主任知道了這件事，感動之餘，他把一個更好的工作機會給了惠特利。

就這樣一天一天過去，惠特利一步一步獲得晉升，從剛開始的售貨員到後來的業務員，接著是部門主管，然後是地區業務經理，這其中的困難和挫折在所難免。當上業務經理後，他就發現不管自己再怎麼努力，也爬不上更高的位置了，原因不是他能

力的問題，而是因為公司總裁的一派人在公司勢力強大，他很快就遭到了排擠，不過因為心裡有著那個遠大的目標，所以不管遇見什麼困難他都挺過來了。經歷幾番艱辛，他最終實現了自己的目標，成為一家包裝公司的總裁。後來，他創辦了自己的藍月乳酪公司。

在我們那間又小又破又舊甚至沒有廚房的公寓裡，這個鄉下孩子曾對我說：「總有一天，我會成為一家大公司的老闆。」那時這話就不是他的癡心妄想，我知道，我也相信這是他內心的信念，是他立下的目標，用此來激勵自己人生的每一步。

很多比他優秀的人都失敗了，為什麼他卻能取得如此輝煌的成績呢？他很勤奮，可別人也沒有偷懶；要比學歷，這不是他的優勢，因為他只是在工作之餘自學進修。所以，我得出結論，關鍵還是在於他有個明確的目標，他的一切生活、工作都圍繞著這個目標進行，加班、換工作、或者因為業務需要學習新的技術。

沒有目標的人是不能成功的。他們隨便找個事情做，糊裡糊塗地結婚，也不會用心地去過日子，沒有進取心，沒有願望，卻夢想著事情會朝好的方向改變。

恩．約特女士創辦了「職涯診斷處」，作為一個人生的指導者，給很多對工作不滿意的人提出意見。我和她談論了很久關於失業的問題，她對我說，很多人都不明白自己所要的到底是什麼，所以，她給予他們的第一個意見，就是幫助他們找出內心的願望和意圖。我認為這正是一個妻子需要去協助丈夫做的事情，幫助他找到人生的目標，然後進一步幫助他向這一目標前進。

《婚姻指南》一書的作者賽門和伊瑟格琳說：「快樂的婚姻要有共同的生活目標，不管這個目標是什麼，一幢新房子還是一個大家庭，或是到哪兒去旅行一趟……目標是很重要的。」

她們還說：「必得先有一個目標，在實現它的過程中體會生活的快樂和樂趣。你們的婚姻生活需要這樣的調味劑。」住在堪薩斯州威基塔的威廉·葛理翰夫婦就是這個道理最好的證明者。

威廉·葛理翰先生是一家盈利豐厚的油料公司的決策人，他和夫人瑪麗擁有的人生財富令許多人羡慕不已：健康、財富、事業成功、擁有六個可愛的孩子，而且在他們未來的歲月還將享受這一切。當威廉還是個孩子的時候，他就已經懂得怎樣從油料經營和投資中獲取可觀的利潤了。我和威廉是多年的好友，我曾請教他成功的最大訣竅，他說：「最重要的是有一個目標。」

葛理翰夫婦剛開始做的是不動產買賣，他們租借一幢辦公大樓廢棄通道的一角來做辦公室，由瑪麗在這裡聯絡，威廉外出尋找生意。那時根本沒什麼業務，兩人常常是有了上頓沒下頓，可是他們仍努力埋頭工作，因為他們有一個遠大的目標，他們知道總有一天會因為他們堅持不懈的努力使那個目標成為事實。

終於他們的業務慢慢出現了轉機，業務好一點以後，他們開始自己購買房子再轉手賣出，再後來，他們開始自己建造房子出售。就在經營形勢一片大好的時候，瑪麗對丈夫說：「親愛的，我認為你可以發展得更好，也許這條路發揮不盡你的聰明才智，你應該有更大的作為，我們得謀求新的發展。」

威廉經過很久的思考後，接受了妻子的建議，他們放棄了原來成功的事業，選擇去做石油生意，就這樣，威廉．葛理翰石油公司誕生了。事實告訴我們，這確實是一個成功的例子，現在，他們又在謀求新的發展，正在考慮進行國際投資，一旦他們作出決定，便會全力以赴地實現它。

瑪麗在為丈夫選擇目標制訂計畫時，常常要考慮威廉受過的訓練、素質和性情。瑪麗對我說過，威廉就是這樣一個人，她總要在一項計畫實現之時，馬上為丈夫尋求一個更富挑戰性的事情，為的是避免丈夫失去進取的興致。正是因為這樣，他們的生活充滿了挑戰和成就感。

葛理翰夫婦的成功向我們證明，人生應該根據自己的目標制訂計畫，從而實行計畫，最後達到目標。一個好妻子，應該幫助自己的丈夫找尋目標，並且全力以赴地幫助他實現這個目標。瞄準靶心的人即使會有一點偏差，但肯定要比閉上眼睛盲目射擊的人更接近靶心。

哥倫比亞大學教授狄恩海伯特赫基斯說：「產生憂鬱的主要原因是混亂。」混亂不僅是憂鬱產生的主要原因，更是成功路上的最大障礙。所以，當你希望自己的丈夫走出優異出眾的第一步時，你首先需要做的就是激勵他們找到生命的重心，制訂一個生活的目標。

各位女士，你們真正應該思考的問題是，你得想明白，成功對你的丈夫來說意味著什麼？每個人對成功都有著不同的定義，你丈夫對成功的定義是什麼？財富？名望？或者是權力？安全感？還是滿意的工作？你要找出成功對他真實的意義，從而幫助他確定生命的目標！

女士們，「相愛並非四目相對，而是雙方看著同一個方向」，這是一句很恰當的忠告，它告訴我們成功的第一步是——幫你的丈夫確定他的人生目標。

給他靜心工作的空間

女士們，我知道你們都想成為丈夫成功道路上最得力的幫手，也都夢想著在自己的幫助下，使丈夫的事業達到頂峰。這樣的想法並沒有錯，錯就錯在你們不能默默地在後面支持丈夫，而是選擇衝到了最前面。的確，他很需要你，可是有時因為你過於精明的劃策：安排著各種各樣的活動，為了不讓丈夫「誤入歧途」或是「深陷困境」，你們每天都不厭其煩地詢問著丈夫的工作情況。結果往往就是非但沒有幫助他達到頂峰，反而弄巧成拙，使得丈夫陷入低谷。

如果我的這些話傷害了你們的自尊心，讓你們覺得我是在懷疑你們的能力，我先真誠地向你們道歉，但是你們還是要承認，我並沒有說謊。現實生活中，能夠印證我的話的例子實在太多了。

陶樂絲的公司有個很有能力的小夥子，他用了幾年的努力終於爬到了經理的位置，而且事實也證明他完全有能力勝任這份工作。就在事業理應蒸蒸日上的時候，他被總經理開除了。

事情是這樣的：從他上任第一天開始，他的妻子就完全地介入了他的工作。這個不懂事的女人和她的丈夫一同進入辦公室，然後詢問他一天的工作安排，她總是親自把丈夫的話轉達給外面的打字小姐，甚至有時自己親自動手查閱文件。那位丈夫顯得無可奈何，可面對如此熱心的妻子，他實在不願打擊妻子的積極性。

當然，這位妻子完全沒有意識到自己的出現已經把原本和諧的辦公室氣氛破壞了。一天，一個職員終於按捺不住，向總經理提出了辭職，總經理問她理由，她說自己實在不能忍受一個和她毫不相干的人對她指指點點。總經理知道具體情況後顯得很生氣，他讓那位職員回去，並說：「你回去吧，走的人不應該是你。」

當天，總經理就把那位上任還不滿一個月的新經理叫到了辦公室，非常禮貌地對他說：「為了整個公司考慮，我不得不很遺憾地告訴你，明天開始，你和你那位聰明的妻子可以不用來上班了。請你們離開我的公司。」

其實那位經理並沒有做錯什麼，但現實就是這樣，被一些微不足道的小事開除的人數不勝數，而且這位經理的妻子的做法已經讓大家忍無可忍了，所以這樣的結果也是情理之中的事。現在的公司都是這樣，即使你沒有犯錯，想要開除你也就是幾秒鐘的事，男人們在外面工作需要承受很大壓力，而「聰明」的妻子們對丈夫工作上的「關心」，其實是一件風險很高的事情，且這種風險往往要比女士們想像的高很多。

一位朋友也給我講過一件類似的事情：一位在他們公司工作了很多年且深受老闆器重的部門經理被迫辭職了，而他的辭職也是因為妻子對他工作的干預。這個妻子並沒有每天跟著丈夫去上班，她有自己的一套方法。因為太渴望丈夫成功，她把丈夫的同事都看成是對手，並且還制訂了一系列計畫與他們對抗。更過分的是，她還故意在丈夫同事的太太們之間散佈謠言、挑撥是非。最後，終於使得所有人都不願意搭理她丈夫了，就連一向器重她丈夫的老闆也開始有怨言。她丈夫在無奈下只好選擇辭職。

女士們，也許你們也感到委屈，自己真的是想要幫助他啊！是啊，你是真的想幫助他，這可真是讓我感動，讓我也來幫助幫助你吧。我這裡有十條小建議，絕對可以給你們提供幫助，而且我敢保證，只要女士們按照我的話去做了，那麼你們一定可以狠狠地扯住丈夫的後腿，把他從成功的頂峰拉下來，而且會讓他再也爬不上去了。這十條建議真的很有效，而且屢試不爽，就算它不會讓你的丈夫失去工作，也完全可以把他搞得神經衰弱。

第一，不要放過他的女秘書。年輕漂亮的女秘書可是個危險的東西，你千萬得防著，因為她不但會讓你的丈夫失去鬥志和信心，還有可能讓他失去對你的愛。你一定要經常對丈夫說：「她只是個變相的傭人而已，我才是你的太太，所以你的一切事情都應該由我來做。」不要猶豫，女士們，就算他失去了一個能幹的秘書，但他至少可以使用錄音機。

第二，時時刻刻都給他打電話。你一天給丈夫打幾個電話？一個？兩個？三個？不，不，不，女士們，這可不行。你每天應該給丈夫打上十幾、二十個電話，你要把這一天發生的事都告訴他，當然，這也包括你要問他中午和誰共進午餐，有沒有記得給你買一些禮物等。對了，當你確認今天就是發薪日的時候，不要打電話了，親自到辦公室去找他吧，你得讓他的同事都知道，這個家是你說了算。這時你丈夫的工作興致一定會馬上跌到谷底。

第三，和他同事的太太們一起八卦。女士們，學會不定時地在丈夫同事的太太之間散佈一些非常有趣的消息，比如你丈夫曾經說過很討厭她丈夫，她丈夫曾因一點很小的事情被老闆狠批一頓等。沒有一個太太是省油的燈，這一招非常有效，不信的話，過一段時間你自己看，你會發現丈夫的辦公室已經劃分出幾個不同的派系了。

第四，看緊他的口袋。是啊，女士們，為什麼丈夫那麼繁忙地工作？又為什麼他拿回來的薪水總是那麼一點點呢？通過對這些情況的分析，你們可以判斷出，他很不受上司的重視，作為他的太太，你一定要告訴他這件事。你的丈夫一定非常相信你的話，而且他也會很快對你的話有所反應。用不了多久，你會發現你丈夫每天不再早出晚歸，而是把注意力全都集中在報紙的求職欄上。

第五，別忘了時時提醒他應該是什麼身份。告訴他，你是真正的領導者，教他如何處理工作上的難題，教他如何把銷售業績提上去，教他如何與上司打好關係。讓他明白，你是一個真正的謀略家，而他不過是坐在辦公室裡的一顆棋子罷了。

第六，要經常大擺排場。也許你的丈夫並不是一個成功者，沒關係，讓他裝得看上去像就行。也許你還有必要經常舉辦一些豪華的宴會，哪怕這些會使你家的財務入不敷出。但這真是值得的，即使下半個月你們得天天喝粥。

第七，要監視你的丈夫。讓丈夫身邊的人總有一兩個是你的眼線，那樣，他的一切情況你都可以掌握得十分清楚了，他和所有女性接觸的過程你也明瞭，尤其是那些想要「勾引」你丈夫的女人絕對不要放過。

第八，對他的老闆下手。是的，不要再猶豫了，馬上行動吧，把你那些「精明」的交際手段施展出來吧，在老闆決定解雇你丈夫以前。

第九，讓他的同事知道他所有的「醜事」。多去參加他們公司舉辦的活動吧，然後告訴他的同事，你丈夫在和你戀愛時做過的蠢事，或者他睡覺的姿勢真是可愛極了……女士們，把丈夫的醜事拿去取悅別人吧，因為宴會需要歡樂。

第十，讓丈夫知道你才是最重要的。他要加班，他要出差，那就和他大吵一架，你是他的妻子，你才是最重要的，這一點你應該讓他明白。

好了，女士們，這些一流的手段完全可以成功地毀掉你丈夫的前程，當然，也許最後的結果你不是很滿意，那就是他先失去了工作，接著你又失去了他。

幫助他成為受歡迎的人

如果你的丈夫不善交際或是個脾氣古怪的人，作為妻子的你應該想辦法幫助他，使他成為一個受歡迎的人，對於一個男人來說，這真是一件非常重要的事。他在外面工作，經常會在社交活動中遇到一些很有價值的合作夥伴，可如果他不懂得社交、脾氣古怪，就很可能會錯過很多機會。女士們，我相信你們也清楚，不管丈夫從事的是什麼工作，哪怕只是一家便利商店的營業員，能夠得到別人的喜愛無疑都會給他帶來很大的好處。妻子很多時候都不能直接從工作上給丈夫幫助，所以幫助丈夫廣受歡迎成為妻子的頭等大事。

歌星基尼·歐德里在麥迪森廣場花園成功舉辦過一場個人演唱會，那場演唱會之後我去採訪他，那是他事業最高峰的時候，很多人，不管男女老少，都是他的忠實歌迷。去的時候很不湊巧，基尼有事外出了，要一會兒才能回來，所以我臨時決定改變採訪計畫，轉而採訪他的妻子麗娜。

採訪進行得十分順利，麗娜是一個很大方很健談的女士，我們談得十分輕鬆愉快。我問了麗娜很多關於基尼的問題，都得到了很滿意的答案。

最後我問麗娜：「作為一名歌星，肯定會有很多歌迷追著基尼索要他的親筆簽名吧？我覺得這真是件既幸福又讓人苦惱的事，不知道你怎麼認為？」

麗娜笑著說：「卡內基先生，就拿我的丈夫來說吧，他很愛他的歌迷，每一次都會耐心地給每一個人簽名。至於我，我從來沒有覺得生活被打亂，反而很高興，這說明我的丈夫很受歡迎。而且，如果我在，我都會對那些歌迷說：『請大家不要著急好嗎？你們的基尼從來不會拒絕任何人的請求，特別是對你們這些年輕人。』」

「麗娜，你真棒！你這樣的方法遠遠比那些報紙或雜誌上的宣傳廣告有力得多。你這樣善良、熱誠，如此友好地對待那些歌迷，難怪你的先生越來越受人喜愛。」

雖然基尼．歐德里本來就是個受人喜歡的人，但麗娜這句發自內心、不假思索的話會使得基尼．歐德里更加受到歌迷們的歡迎。女士們，別以為麗娜不過是起了推波助瀾的作用，而你的丈夫本來就是一個令人討厭的傢伙，人們是不會喜歡他的。如果你真的這麼想，你就真的大錯特錯了。一個妻子的態度完全可以給一個原本不受歡迎的丈夫提供幫助的。

有一個家庭，丈夫是個脾氣暴躁且傲慢自大的「討厭鬼」，大家都不喜歡和他聊天，因為每次一定會發生爭吵。可是，這個家庭每天還是有很多朋友來做客，這全是因為這家的女主人是一個很有風度的女士。

我也算是這個家庭的朋友，說真的，我第一次看見男主人的時候，其實也是充滿了厭惡之情的，他真的是特別驕傲自大，而且脾氣十分古怪，但是他太太對我說：「卡內基先生，實在對不起，請您原諒他好嗎？其實他也不想這樣，小時候他是一個孤兒，沒有溫暖，沒有愛，所以他根本不懂得愛別人，不過現在他已經很努力在學了。」聽完女主人的話，我頓時沒有了一絲厭惡之情，並且開始同情這個男人，也理解了他的行為。我很欽佩這位妻子，她不但讓大家不再對她的丈夫感到厭惡，反而讓大家從內心接受了他的驕傲自大和怪異的性格。

女士們，我想現在你們已經知道了幫助自己的丈夫受歡迎是一件很重要的事了，但是我們到底該怎樣去做呢？

我的培訓班上有一位女士問我：「卡內基先生，我真的很想幫助我的丈夫得到大家的歡迎，您能教我一些好方法，讓我練練自己的口才嗎？我想說服所有的人，讓他們喜歡我的丈夫。」這真是一位偉大的女士，我想了想，對她說：「非得選擇說話嗎？為什麼不沉默呢？」「沉默？」女士有些不解。「是的，沉默。要讓別人喜歡你的丈夫，最好的辦法就是讓他親自與別人接觸，給他說話的機會，讓他在別人面前顯露自己的才華。」

女士們，這一點真的很重要，想幫助你的丈夫成為受歡迎的人，你不需要不停地向別人吹噓他怎樣怎樣，你只需找機會讓你的丈夫能夠在別人面前顯露出他的才華，因為這些東西往往會引得別人的興趣。這樣一來，別人自然會對他產生好感。

專門為演藝圈明星寫傳記的作家卡蒙路・斯布，有一個熱情好客的妻子卡洛琳，因為卡蒙路的職業需要，他很少出門，也很少參加朋友聚會，但是他卻很受大家歡迎。妻子卡洛琳經常會在自家院子裡安排宴會，請來很多認識或是不認識的人。卡洛琳可不是想炫耀自己的廚藝多麼好，儘管她的廚藝真的很不錯，她總是讓大家品嘗卡蒙路最拿手的烤牛排，還讓卡蒙路把平時給自己講的一些幽默小故事講給大家聽。每次宴會都很成功，大家也都玩得很盡興，所以，夫妻倆受到歡迎就成了理所當然的事。

和卡蒙路一樣幸運的還有紐約一名醫術高超的兒科醫生約索夫・福瑞斯，因為平日工作的關係，他的交際圈也不是很廣，在妻子的鼓勵下，他學起了魔術，而且學得很好，所以每當空閒時，他就成了一名頗有天分的業餘魔術師。而他的妻子也總是找機會讓家中的賓客欣賞一下約索夫的魔術表演，有時還會客串一把，當一回魔術師的助手。這也使得福瑞斯夫婦很受人們的歡迎。

這真是兩個幸福的男人，在他們背後都有一位為了讓人們目光集中在丈夫身上而甘願埋沒自己的妻子。她們為了自己的丈夫能出人頭地，甘願壓抑自己，心甘情願地扮演配角，給丈夫提供了最大的幫助。

有些男人有很強的工作能力，但卻不懂得如何在眾人面前說話，每次需要他在眾人面前表達點什麼的時候，他就成了啞巴，不知道是不是有些女士的丈夫是這樣的情況。如果遇見這種丈夫，他真的很需要你這個最親密的人的幫忙。你完全可以採用一些技巧，把你那沉默寡言的丈夫引領到大家的談話中，使你丈夫能夠自如地與別人交談。方法很簡單，那就是看準時機，適當地轉換話題，以便讓他表現出他最大的優點。

我就認識這樣一個聰明機敏、善解人意的妻子，因為她的幫助，沉默寡言、不懂交際的丈夫成了喜歡參加各種聚會的社交專家。我問她是怎樣成功幫助丈夫走出沉默的，女士回答我說：「我的丈夫是一個心地善良的人，而且也很願意幫助別人，但是他的朋友不多，因為他不善言辭，不願主動和別人說話，所以大家不知道他是這樣一個好人，還會因為他的沉默寡言覺得他這個人很冷漠。我很擔心這種情況，更希望可以幫助他，所以我決定一定要幫助他受到大家的理解和歡迎。剛開始真的很難，我不知道該怎麼辦，怕當面提醒會傷害他的自尊心，後來，我想到一個好辦法。因為他很喜歡攝影，所以每次聚會或是出去玩，我都會想辦法幫他找一些有相同嗜好的人。這個方法真不錯，我丈夫和那些人談得非常投機，幾乎忘了自己，慢慢就在不自覺的情況下把最真的自我表現了出來。」

「慢慢的，我丈夫真的變得開朗起來，不僅是攝影的話題，當他和別人談論其他話題時也不再那麼困難了。現在，我丈夫完全像是變了一個人，不僅變得喜歡參加各種聚會，而且也很樂意認識一些新朋友。他現在幽默有趣，很受歡迎。每當我聽到有人讚美他的時候，內心都充滿了無比的驕傲和自豪。」

如果你的丈夫在外面很風光，你一定也是很驕傲的。所以，女士們，若你的丈夫不善言談，性格有些孤僻，你的任務就是發現他的愛好和專長，然後在必要時把話題轉向他喜歡的方向，讓他通過談自己喜歡的話題一直延伸到其他話題，也讓別人看見一個最真實的他，並且和你一樣喜歡上他。

熟悉他的工作，並適時伸出援手

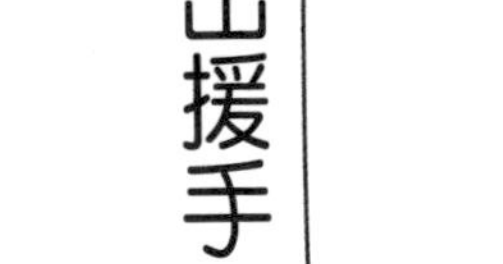

我很喜歡坐公車，因為那樣的感覺很好，我會覺得自己和很多人生活在一起。一個星期天的早上，我搭公車去拜訪一個老朋友，在公車上，我遇見一個奇怪的女士。當時公車靠站後，上來了一位穿著入時的漂亮女士，大家幾乎都在同一時間盯著她，不過不是因為她的外表，而是因為她的肩上背著一支雙筒獵槍。

我當時甚至以為這位女士是在做廣告宣傳，不過她並沒有做什麼讓人驚訝的事。當公車到站時，她很安靜地下了車。後來我才知道，這位名叫伊德勒·費仕爾的女士在公車上上演的那一幕，其實不過是為了幫丈夫一位顧客的忙，那位顧客要把賒購來的獵槍送回到原來的店裡。

伊德勒女士的丈夫是個優秀的推銷員，伊德勒常常幫丈夫做很多事，不光是生活中的，工作上的事她也會經常給予丈夫自己力所能及的幫助，她的丈夫還開玩笑管她叫「我身邊的星期五」。

我對這位「星期五」女士產生了好奇，有了進一步瞭解她的期望，所以，我專程去拜訪了她。女士知道我的來意之後，熱情地接待我，當我問起她為什麼如此熱衷於幫助丈夫開展工作的時候，她回答：「卡內基先生，您不知道，我原來也不是這樣的，可是我丈夫對待工作簡直到了瘋狂的地步，他無時無刻不想著他的工作。我是他最親近的人，我看著他那樣覺得很心疼，我怕他太累，所以我覺得我得幫助他。我們結婚都快二十年了，我已經習慣幫助他，且很樂意做這些事，我覺得能幫到自己的丈夫，我很開心。」

伊德勒女士真是一個好妻子，為了幫助自己的丈夫，為了不讓丈夫被那些瑣碎的事情打擾，為了讓丈夫的潛能發揮到極致，她想盡一切辦法：作為一名推銷員，丈夫每天都會帶回很多需要處理的文件，於是伊德勒就學會了打字。她丈夫負責的業務區域非常廣，已經擴展到美國三十個州，為了走訪這些客戶，伊德勒的丈夫經常要獨自開車到很遠的地方，當然這是非常勞累的，就這樣，伊德勒女士又學會了開車。更讓我驚奇的是，為了幫助丈夫，伊德勒夫人甚至培養了自己的新愛好，這些愛好都和丈夫的工作有關。比如，伊德勒夫人最近迷上了收藏老式的熨斗，在她的收藏品中，甚至有一百五十年前的舊熨斗。如果有一天，她的丈夫需要舉行一次貨物展覽，那麼伊德勒的收藏無疑會給展覽會增添許多色彩。

費仕爾真的太幸運了，在妻子的積極幫助下，他取得了不小的成就。當費仕爾把自己的經歷向其他推銷員分享時，有人跟他開玩笑說：「費仕爾先生，你的分享太精彩了，不過我更想知道，這些內容到底是講給我們這些推銷員還是講給推銷員的太太聽？」

伊德勒女士為丈夫的付出讓人感動，我相信她現在已經成為了丈夫的精神支柱，我也敢保證，她的丈夫不管在什麼時候都不會忘記妻子給他的幫助。但遺憾的是，很多女士似乎並不能像伊德勒女士那樣，別說做了，她們連想也不會那樣想。她們認為給丈夫提供幫助並不是她們分內的事，而且她們還會說：「在外面工作，靠自己的本事不是男人的本分嗎？開什麼玩笑，要我幫他？那他的秘書是用來做什麼的？我也很累，他要是再把那些該死的工作帶回家裡，我一定會瘋的。再說了，我這樣做能讓公司給他加薪嗎？如果可以，說不定我還可以考慮考慮。」

我很慶幸我的妻子從來沒有過這樣的想法。女士們，他是你的丈夫，是要陪伴你一生的人，難道幫他把事業發展得更好不是你所希望的嗎？當你瞭解幫助他的必要性之後，你需要知道的是到底應該怎樣去幫助他。因為你們的丈夫從事著不同的職業，所以我也只能有些籠統地說，你給丈夫提供幫助的根本原則就是——他所需要的。是的，他需要的，當他需要你替他接一下電話，你就去安裝一部分機；當他需要你幫他處理一些信件或報告，那你就去等候他的吩咐；當他需要你替他開車，那你就默默地坐在駕駛座上……總之一句話，你所能做的就是減輕他的負擔，使他能把精力全都投入到最有價值的工作中去。如果你實在不知道該從什麼地方幫助他，那麼我的建議就是——親自去問問你的丈夫。

也許有的女士要開始煩惱了，「我也很想幫他，但是我自己也很忙，那該怎麼辦呢？」我在這裡得說明一下，我可不是不理解作一名妻子的苦衷。我知道你們每天也有很多事情需要去做，要上班，要做家事，還要照顧孩子，其實這些事已經夠妻子們忙的了，做完這些事確實也累了，再要求你們抽出一些時間去幫助自己的丈夫，這的確是件很困難的事。不過這並不代表不可能，在現實生活中有很多這樣聰明的妻子，她們不僅能把自己分內的事情做好，而且還可以給丈夫提供額外的幫助，不是因為她們不知道累，我想這是因為她們本身就有這樣一種動機。

梅爾．波雷斯是一位知名的醫生，最近，他的秘書家裡有事請了幾天假，很多棘手的工作需要波雷斯醫生親自處理。正當他為此感到煩惱的時候，他的太太拉娜．波雷斯毅然幫他暫時做起了這份工作，而且做得非常出色，就好像她一直都在為醫生做秘書一樣。波雷斯太太也有自己的工作，不過她十分懂得合理安排時間，總是把每天的時間安排得很好，不會耽誤到自己的工作，又能最大程度地幫到自己的丈夫。她沒有感到一絲疲倦，反而後來回憶時她說那幾天覺得自己很幸福、充實，因為她覺得自己從來沒有離丈夫那麼近過。

女士們，你們知道嗎？幾乎所有的成功人士都有一個能夠為他們減輕負擔的妻子。你的丈夫需要你的幫助和支援，不論是在生活上還是事業上。

托爾斯泰夫人不能算是一個成功的妻子，但她卻在事業上給自己的丈夫提供了很大的幫助。她對自己丈夫的著作表現出了狂熱的喜愛，那種程度甚至接近於瘋狂，她親手把《戰爭與和平》這部書抄了七遍。

都德是法國的知名作家，在結婚前因為害怕婚姻會讓他的想像力變得貧乏，他顯得很憂慮，不過他的妻子茱麗讓他完全放棄了這樣的想法。茱麗非但沒有扯他的後腿，反而給他極大的幫助，並且在她的幫助下，都德寫出了一部他人生中最優秀的作品。都德的弟弟在回憶哥哥和嫂子時這麼說：「茱麗真是一個很優秀的女人，她有著超人的鑒賞能力，都德每次寫完一篇稿子都會讓茱麗先看一遍，因為他十分想知道妻子的看法，而茱麗也真的給了他很多有用的建議。」

十七歲時就雙目失明的哈柏，在他妻子的鼓勵和幫助下，開始研究自然史，在做各種各樣的研究實驗時，妻子就像是他的眼睛。沒有這位偉大的妻子，這世界上又要少了一位偉大的博物學家以及蜂類權威人士了。

又有女士想要發言了：「卡內基先生，難道您沒有發現您說的這些女士之所以能給她們的丈夫提供幫助，是因為她們在丈夫所從事的工作領域裡也是專家。我們可沒有那麼碰巧，我們對丈夫的工作一點也不瞭解。」是的，女士們，既然你都知道你對丈夫的專業不瞭解，又想幫助他，那麼為什麼不為了你的丈夫去深入瞭解他的工作呢？當你知道得越多，不就能和那些女士一樣給丈夫很大的幫助了嗎？

女士們可能又不高興了：「卡內基先生，您怎麼把這件事看得這麼簡單，我丈夫從事的可是一門專業性非常強的工作，難道我要放棄自己的事業，還要花上幾年的時間到學校學習這些知識嗎？」女士們，你們沒有正確領會我的意思，我並不是讓你放棄自己的工作，也不是說你非得去專門學習丈夫的專業，而是你丈夫的工作中總會有大大小小你可以幫忙的事，你要想幫助他，總能找到的。我是讓你去瞭解，去支援他的工作，當然，也不要隨便發出什麼抱怨，其實這也是一種變相的幫助。

你對丈夫的工作是否有所瞭解，其實已經對他的事業產生了很大的影響了。

要想丈夫獲得成功，你就得知道他必須投注許多時間和精力到工作中，這時，作為妻子的你，就應該真心關注他的事業，而且在他最需要幫助時伸出你的援手。這樣去做，你會發現獲得成功的不僅僅是你丈夫的事業，你也有分享這份喜悅的權利。

如果男人「嫁」給了工作

一天，一個很久沒有聯繫的老朋友突然打來電話，約我出去喝酒。我心想，這個大忙人居然有時間找我喝酒，應該是遇到什麼難事了，所以我很準時地赴約。在酒吧見了面，他看上去好像也沒什麼太大的變化，只是明顯能感到他非常疲倦而且情緒似乎也不怎麼高漲。於是我就問他發生了什麼事，還是遇到了什麼困難？

他猛喝了一口酒，搖了搖頭對我說：「倒不是發生了什麼事，我也沒有遇到什麼困難。戴爾，怎麼說呢，我最近一段時間特別忙，工作壓力很大。我所在的公司正在籌建一家新的分公司，我每天在公司忙得都快暈倒了，且經常加班到很晚。可是，戴爾，你知道，我不是一個愛抱怨的人，而且我也知道這確實對我們公司來說非常重要。」我點了點頭說：「那你為什麼顯得這麼憔悴呢？」

他又喝了一大口酒，接著說：「戴爾，我每天這麼累，我太太非但沒有關心我到底有多累，反而非常不體諒我。我一回家她就開始不停地抱怨，說我不能回家吃晚飯，不能陪她去逛街，總是拿我和她那些朋友的丈夫比。我每天在公司就已經很累了，回家後還不能安靜地休息一會兒，我覺得太辛苦了。戴爾，你說她為什麼就不能體諒我呢？難道是我不想陪她吃飯，不想陪她逛街嗎？我現在被她搞得心神不寧，根本就沒辦法將所有的精力投入到工作中。」

朋友最後喝得酩酊大醉，我把他送回了家，在我回家的路上，我一直在思考，我覺得這個朋友真的太可憐了，工作上壓力這麼大，回到家還得忍受妻子的無理，在雙重壓力的作用下，他不顯得憔悴才怪呢。我突然想到了自己，我覺得自己很幸福。

我也有過一段壓力很大的日子，那段日子我日夜不停地趕寫一部有關演講的書稿，那可真是一段痛苦難熬的日子，想必陶樂絲也感覺到。我沒有去公司上班，因為我的辦公室就在家裡，可即便如此，我仍然沒有時間陪陶樂絲吃飯、聊天，更別說上街、看電影了。我每天所有的時間除了睡覺，就只能做一件事，那就是把自己關在書房中，一直埋頭寫到深夜，每天我從書房出來的時候，陶樂絲早已經睡熟了。

因為我要夜以繼日地寫稿子，所以那段時間我們的社交活動自然就暫停了，我們沒有時間去拜訪朋友，參加聚會，也沒有時間接待來家裡做客的朋友。我和妻子在那段日子似乎與外界隔絕了，不過還好，我們的朋友都很理解我們，知道這樣做是不得已。

我很感謝朋友們對我的理解，不過，最值得讓我感謝的還是我的妻子陶樂絲。其實我也知道，作為一個女人，得不到丈夫的關愛是一件非常難受的事情，我也相信陶樂絲在那段日子一定很孤獨，但她從沒有像很多女人那樣對我抱怨，她總是默默地幫助我、關心我，她沒多說什麼，但我真的能感受到，她把所有的精力都放在我身上，把我的飲食、休息安排得非常得當。當然，她也不是終日圍著我轉，那樣會讓我感到厭煩，她自己也會不快樂。所以，當我專心寫作時，她就會抽空拜訪我們的朋友，或是參加一些聚會，做一些自己喜歡的事。

書終於寫完了，痛苦的日子結束了。我很高興，因為我和陶樂絲的日子終於可以恢復到以前的樣子了。想到朋友艱難的遭遇，我對我有這樣一個體諒人的妻子感到幸福。也是經歷那件事以後，我和陶樂絲都明白了一個道理：妻子在一個家庭中真的扮演著很重要的角色。當兩人遇到一些特別辛苦的日子時，妻子往往是最不愉快的那個人，然而，她又必須忍受這些不愉快，而且還要去做更多不愉快的工作，因為她的丈夫需要她這樣做，這個家庭也需要她這樣做。

女士們，你們必須明白這個道理，而且還得按照這個道理去做，這並不需要你有什麼專業的知識，你在這時給他最好的幫助，就是不要像一個女強人一樣在旁邊指手畫腳，也不要整天沒完沒了地抱怨和嘮叨，你要像護士和保姆一樣照顧他，像精神支柱一樣支持他，不要說任何讓他分心的話，默默地等待一切恢復正常。

我真的很希望每個男人都能和我一樣幸福，那就得需要各位女士能夠像我妻子那樣支援丈夫的工作。你用你的行動激勵著你的丈夫，他會明白你追求成功的渴望一點都不比他差。你用你的行動告訴他：「親愛的，加油！不管你要為你的目標付出多少，我都會在你背後永遠支持你。」我相信，沒有一個男人遇見這樣的妻子不會全身心地投入到工作之中，因為自己的理想，因為妻子的支持，他不能辜負了自己，更不能讓妻子失望，所以，他不會再有精力和時間去顧及其他一些不重要的事情，只會全身心地投入工作。

我仔細想過，女士們到底該怎麼做才能讓丈夫安心工作，有什麼辦法可以既幫助了丈夫又不至於讓女士們過得太痛苦。最後，我還是認為陶樂絲的做法有很多值得你們借鑒。

當我工作很忙的時候，陶樂絲總是會把我的飲食調節得很好，因為當丈夫全身心投入工作時，體力一定消耗很大，在這個時候，合理地安排好丈夫的飲食顯得尤為重要。首先你得經常給丈夫送東西吃，但要注意，每次的分量都不要過多，而且在他工作非常繁重，每天都要工作到深夜時，你不僅要多給他送吃的，更要注意食物的搭配和選擇。我建議選擇一些容易消化的食物，因為我在工作時就比較喜歡吃陶樂絲送來的牛奶、水果沙拉、蛋糕、果汁以及芹菜等食物，因為這些東西不僅不需要我的身體付出額外能量來進行消化，而且還含有豐富的維生素。當丈夫需要整夜工作的時候，你應該從晚飯開始就控制他的飲食狀況，最好不要吃那些不容易消化的食物。關於健康飲食，如果你們覺得自己這方面的知識比較貧乏的話，我建議你去買一些相關書籍，上面很多專家的建議一定會對你有所幫助。

安排好合理的飲食後，你得為自己做一些打算，因為你的丈夫要忙工作，所以肯定沒有時間陪你，你可千萬不能讓自己的生活過得枯燥乏味。我也理解，一個人在家的確很無聊，可是你為什麼不去找一些自己喜歡做的事呢？你可以去參加一些聚會，你也可以去拜訪朋友，這些事沒有丈夫陪同你一樣可以做得很好。只是，你得注意不要參加那些不適合你的聚會，比如你們以前喜歡參加的夫妻間的聚會，丈夫不能陪你了，你也沒必要去做一個「多餘的人」，你可以嘗試去參加另一些聚會，說不定你會受到難以想像的歡迎。

有一次，就有一個遇到這個困難的女學員前來請求我的幫助。她對我說：「卡內基先生，我真的很苦惱，您一定要幫幫我，不然我真的會瘋掉。我丈夫現在正在升遷的重要關頭，每天忙得不可開交，沒有一天是凌晨以前回來的。雖然我很理解他，也知道他是不得已，但我每天都獨自一人守在那間大房子裡，實在很難受。」

「難道你沒有自己的愛好嗎？為什麼不給自己找一些可以解悶的事做呢？比如參加一些社交活動？」

她有些沮喪地說：「卡內基先生，我去過，我還刻意參加了一個家庭婦女烹飪課程。可是在那裡我不僅沒有找到快樂，反而更不開心了，我對烹飪根本一竅不通，沒人願意和我說話，大家都在聊和烹飪有關的事情。」

我說：「女士，既然你不喜歡烹飪，為什麼要去上烹飪課呢？我可不認為每個家庭主婦就一定要喜歡烹飪，你完全可以根據自己的愛好和興趣去選擇喜歡的活動。」

女士接受了我的建議，因為她對小說和詩歌很感興趣，所以放棄了烹飪課，而加入一個女性讀書會。在那裡，她找到了快樂，也因為她對小說和詩歌有著非常獨到的見解，很快就成了讀書會裡非常受歡迎的人。每次去會裡，她的身邊總會圍繞很多人，大家都喜歡和她一起探討文學領域的事。這讓她感到很有成就感。

其實，要不是因為丈夫忙得不可開交，恐怕女士們還沒有時間去做一些自己感興趣的事呢。參加一些自己喜歡的社交活動，聽聽音樂，隨筆畫上一幅畫，或是乾脆去聽一些對自己有用的培訓課程，這樣，不僅可藉機陶冶自己的性情，又不會讓丈夫因為擔心你寂寞、孤獨，而不能把精力完全放在工作上。

拜訪朋友也是一種排解自己內心孤獨的好方法，而且這個方法也可以幫助你的丈夫安心工作。你的丈夫以前熱情好客，經常和朋友們聚會，可是因為工作的關係，突然不能去了，不知情的朋友會以為是你的丈夫不想和他們做朋友了。所以，你有義務做丈夫的「使者」，把這些情況帶給他的朋友們。這樣不但讓你不再寂寞，也讓你和他朋友的關係更加深厚，還能讓你丈夫不需要分心考慮該如何向朋友們解釋。

當你做了這些以後，不需要默不出聲，你完全可以去向丈夫「邀功」，當他知道你的努力和付出，會因為有你這個懂事、體貼的妻子而更加努力工作。

女士們，請給予你的丈夫理解，給予你的丈夫幫助，給予你的丈夫關懷，不僅這樣，你還要學會調適自己的心態，你應該在日記本上寫：「放心吧，這不會是經常有的事！這很快就會過去，我一定可以克服的。瞧，我現在做得不是很好嗎？」你這樣做了以後，等他繁忙的工作暫告一個段落，你就會迎來婚姻的第二個蜜月。

與他的女秘書快樂相處

很多女士都會把丈夫身邊的女秘書當做最大敵人，總是對她們小心提防、充滿敵意。的確，除了自己，女秘書就是和丈夫最親近的女人了。丈夫一天和女秘書待在一起的時間有時甚至超過了自己的妻子，難怪妻子們認為丈夫和女秘書會「日久生情」。而且，最讓妻子們不能接受的是，那些女秘書往往年輕漂亮，深知男人「本性」的妻子們因此會更加產生疑忌。

女士們這樣的想法，究竟是對是錯，我覺得我不應該做過多的評論，因為我是一個男人，如果讓我說，難免會站在男人的角度去看問題，所以，還是讓我的妻子告訴你們她的想法。我妻子曾經做過別人的秘書，因此她對太太和秘書雙方的觀點都同樣看重。

陶樂絲對我說過她是如何看待我的女秘書的：「戴爾，我不會像有的妻子一樣認為你的女秘書會給我造成什麼威脅，雖然她的確很漂亮，可我知道那樣的想法是很不明智的，我也做過別人的秘書，所以我很清楚，女秘書其實很辛苦，她不僅需要盡力維護老闆的利益，還要想盡一切辦法幫助老闆順利開展工作。有時候，她不但要在工作上幫助老闆，當老闆遇到一些煩人的瑣事時，她也必須第一時間幫老闆解決。她們要保證老闆心情舒暢，把一切事做得井井有條，讓老闆能安心工作。」

我覺得陶樂絲很善解人意，我點點頭說：「陶樂絲，你真是我的驕傲。你說得一點都沒錯，很多女秘書都為自己的老闆付出了很多，我的女秘書也是一樣！」

陶樂絲笑著接著說：「女秘書有時像是老闆的傭人，為他泡茶、訂餐、接待客人；有時又像是老闆的業務經紀人。其實這些都是她的工作，雖然確實有妻子們『想像中』那樣的女秘書存在，可更多的女秘書並不是她們想的那樣。她們有自己的家庭，有自己的生活，哪有那麼多時間勾引老闆？再說，看看美國成功的企業家們，誰沒有一個能幹的女秘書？女秘書的功勞真是非常大！」

我很同意妻子的觀點，一個事業成功的男人絕對離不開一個好秘書。我可不是在想辦法讓女士們接受我的觀點，其實，你們可以這樣想想：你和他的秘書，一個在公司，一個在家，你們之間並沒有實質上的衝突，而且你們都有同一個目標，就是幫助這個男人取得事業上的成功。因為他是你的丈夫，他的成功就是你的光榮，可是這個目標對他的秘書來說，代表的就是自己的成功，這是她的工作，她那樣做是在做好自己的工作，不管她的老闆是哪個男人，這和她沒有太大關係。所以，她對你丈夫的工作表現出深切的關心，其實只是工作需要而已。既然這樣，你為什麼不能和她和睦相處呢？也許同心協力、互相合作的話，會讓你們共同關注的這個男人更快成功。

我們想像一下這樣的情況：男士是一家房產公司的董事長，他每天總有忙不完的事情，且經常遇到一些棘手的問題需要加班，每當這時，他的秘書總會給他的妻子打電話說：「您好，太太，這段時間公司遇見了很多麻煩，所以您的先生必須在公司加班，也許會晚一些回去，而且這種情況可能要持續一個星期左右。我希望您能理解，我還想告訴您的是，我覺得您丈夫回家後真的很需要一杯熱咖啡和幾塊三明治，當然還有一盆熱的洗澡水。」

然後，當這個男士拖著疲倦的身子回到家時，等待他的是滿臉笑容和關心的妻子，餐桌上放著咖啡和三明治，洗澡的熱水也已經準備好了。妻子那幾天推掉了一切應酬，一心一意在家照顧丈夫，並使他非常舒服地度過了最勞累的那幾天。我想告訴女士們的是，這個妻子和秘書其實是認識的，而且是關係不錯的朋友，她們兩個都在做同一件事情——幫助這位男士完成工作，她們兩個是很好的同盟者。

當然，這樣的情況是我想像的，而且我很不情願承認這個現實：實際上這樣的合作幾乎是不存在的。現實告訴我們，太太和女秘書常常是敵對關係，而形成這種關係的原因不外乎就是一方單獨地猜忌或是雙方互相嫉妒。妻子們不希望丈夫和女秘書走得太近，還會常常抱怨丈夫對女秘書太過依賴，同樣的，女秘書也覺得老闆的妻子似乎有些神經質和多管閒事。

很多時候，導致妻子與女秘書關係緊張的最主要原因其實是來自妻子。道理很簡單，真正有危機感的是那些太太們，而女秘書則會盡一切努力和所有人都融洽地相處，因為她們想保住工作。

所以，女士們，就算不為了別人，為了你的丈夫，你也應該從現在開始想盡辦法減少與女秘書之間的碰撞摩擦，爭取與她建立起非常友善的關係。

首先你得消除自己的猜忌心理。我瞭解，你一直認為你的丈夫魅力非凡，但這並不能代表他的女秘書和你有著相同的欣賞水準，就算她也認為自己的老闆確實挺優秀，但也不代表她就一定夢想著嫁給他。我接觸過不少做秘書的女士，幾乎沒有人是抱著奪走人家丈夫的心態工作的，當然也有例外。不過要說明的是，那種人並不是因為做了秘書才喜歡做這種事的，事實上她本身就很喜歡這樣的行為，不管她做什麼工作，她都會這樣。

當你的丈夫因為不得已的原因而選擇與女秘書一起在公司加班時，你千萬不要惱火，更不要誤以為丈夫和女秘書是在玩樂，這時候，一個妻子寬容的體諒就是對丈夫最好的支持。你應該感到欣慰，因為在辦公室辛苦工作的丈夫並不孤單，至少還有他的女秘書陪他，況且，女人往往比男人更清楚什麼時候該吃飯，什麼時候該休息。

如果因為丈夫最近總是加班，你就懷疑丈夫是不是以加班為藉口和他的女秘書鬼混，我勸你在沒有查證之前不要隨便下定論，否則只會把事情弄得更糟。

如何與丈夫的女秘書相處，其實也沒有那麼難。當你和丈夫的女秘書相處時，你只需要把握住三個原則就足夠了，這三個原則就是：尊重、感激、不苛求。有的女士首先思想就有問題，她們認為女秘書不管怎麼能幹就只是一個「傭人」而已，她們對女秘書就是有成見，總會想方設法找機會刁難、戲弄丈夫的秘書，她們愚蠢地認為這樣可以顯示出自己的尊貴。其實，這樣的做法只會讓你顯得很沒修養，而且讓人厭惡。

每個人都有自尊心，你有，你的丈夫有，女秘書當然也不例外。如果你太過於苛薄，你和你的丈夫都會因為你的刻薄付出代價，兔子逼急了也是會咬人的。在這裡，我推薦女士們讀讀《聖經》，然後按照上面所說的去做，好好反省自己的態度，最簡單的方法就是換位思考，把你自己設想成女秘書，你會希望得到別人什麼樣的對待呢？

我想你可不希望遇到一個事事苛求自己的老闆夫人，她會在你吃午飯時讓你去給她買一包紙巾，或是讓你去美容院幫她預約時間等，雖然你很不願意，但是又不得不去做，而且你的心裡一定感到憤憤不平。

既然你能想到這樣的情況，那你為什麼還要那樣去做呢？當然了，太太們不得不承認，更多女秘書有時候會刻意「討好」自己老闆的太太，儘管老闆和太太都沒有吩咐她做，她還是會給太太提供一些幫助。這時，你應該怎麼做呢？是理所當然地接受而且還百般挑剔嗎？不！你應該學會對她表示感謝。誰都希望在給予別人幫助後，得到幫助對象的讚美和感激。而且，你對她進行讚美和表示感激後，她會覺得自己已經得到你的認可，你們的關係會繼續朝正向發展。

你問我要怎麼感謝？我說的這種感謝不一定非要是物質上或是大張旗鼓的，其實表明你的心意就可以了，你只需要做一些微不足道的事情，一個感謝的電話，或是一件不貴但卻是精心挑選的小禮品等。

雖然由於工作的關係，女秘書不得不替老闆處理一些私事，但女士們你們得明白，這僅僅限於她的老闆，女秘書們沒有義務要花費時間去滿足老闆太太的要求，更何況如果是她的休息時間。就算是老闆要求的，如果和工作沒有關係，她也會顯得不愉快。

女士們，如果你是真心希望丈夫能在事業上順利地發展，那就請你明智地選擇和他最親密的助手，也就是他的女秘書好好相處，這對你，對你的丈夫，還有那位秘書小姐都是很重要的。良好的關係使大家都心情愉悅，工作起來當然也就輕鬆很多，成功的機率自然而然就高很多。

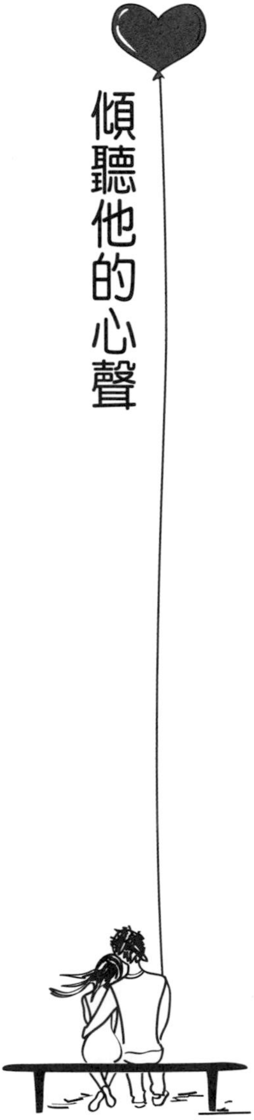

傾聽他的心聲

我想引用美國《財星》雜誌曾發表過的一篇文章中的一句話——「一個好妻子有很多事要做，照顧孩子、做飯、打掃以及一切繁瑣的家務，而在所有的事情中最重要的一件事是什麼呢？那就是每天安靜地、專心地傾聽丈夫訴說他在辦公室裡所遇到的且不能發洩的苦惱。」

我為什麼要把這段話引用到文章的開頭呢？我是想告訴女士們，當你的丈夫在外面遇到麻煩、苦惱或是不愉快的事情時，他們真正需要的不是勸告，而是傾聽。每個男人都希望妻子在適當時候可以成為自己的「安定劑」或是「加油站」。

我可不是要女士們放棄自己對事情發表看法的權利，我讓你們傾聽，當然有我的理由。我不得不又一次說，男人在外面真的很累、很辛苦，在各種各樣壓力的逼迫下，他們都會渴望有一個當他們在辦公室遇到狀況時，不管這件事是好是壞，能夠向她傾訴一番，並從中得到心理安慰的女人。之所以會有這樣的心理，是因為男人們在辦公室經常不能把自己的意見表達出來，有時遇到讓他很激動的事，他也不能在那裡興奮地大喊大叫；有時遇見一些棘手的問題，也不可能把煩惱告訴給同事。所以，男人們最大的希望就是當回到家時，有一個能夠傾聽自己內心壓抑情緒的妻子。

但很多女士卻不知道善於傾聽的重要性，所以我們常常可以看到這樣的情景：

羅賓今天特別高興，幾乎是小跑著回家，一進門他就激動地對妻子說：「親愛的，我簡直不敢相信，你知道嗎，今天對於我來說是多麼重要的一天。我居然被叫進董事會了，我的那份報告讓他們很感興趣，他們還讓我對那份報告進行講解，那可全是公司重要的主管，他們居然還說要聽聽我的意見。親愛的，我真的太激動了，你覺得這……」

還沒等羅賓把話說完，在沙發上悠閒地躺著看電視的貝拉心不在焉地說：「嗯，親愛的，這可真不錯。對了，你是不是忘了叫工人來修理洗衣機了？那台機器真的太破了，你看哪天我們一起去買一台新的吧。你趕緊把飯吃了，然後去叫人來看看！」

「這個我知道，你放心吧，親愛的！」羅賓又接著剛才說的，「剛才我說到哪兒了？哦，對了，我們經理讓我在董事會上作報告，你不知道，當時我緊張地說錯了話，不過幸好他們還是都聽明白了。親愛的，我覺得我的好運就要來了，老闆已經開始注意我了。親愛的，我……」

「嗯，這可真不錯。」貝拉突然又想到什麼似的說，「對了，親愛的，今天上午傑克的老師打電話來了，她說孩子的成績簡直糟透了，讓我們好好管管他，說他還是挺聰明的，只要用心，就一定可以學好的。」

羅賓沒有再繼續說下去，他已經徹底失望了。在剛剛這場搶奪發言權的鬥爭中，他又一次徹底地失敗了，於是他垂頭喪氣地走進了廚房，心不在焉地吃下了妻子給他留下的晚餐。心裡想著，一會兒該給哪個修理工打電話，完了以後該怎樣輔導孩子的功課。

大家這時有什麼想法呢？會覺得貝拉太自私了嗎？其實這並不是貝拉的錯，因為她和羅賓一樣，只是想給自己找一個傾訴的對象罷了，只是她沒有找對時機。其實她完全可以在認真聽完羅賓的話以後，再和他談論家務事，我想那時就不會出現這樣的情況了。

我記得一位詩人曾經說過：「就算你明知道這個人是在你面前誇大吹噓，你仍應該表現出極大的興趣去傾聽。一個真正有禮貌的人會這樣做。」可能女士們還沒有認識到善於傾聽的重要性，事實上這不僅給自己的丈夫提供了最大幫助，對女士們自身也是很有益處的。一個能夠在和別人談話的過程中非常專注，還會時不時提出問題的女士，無論走到哪裡都會因為你對對方的尊重而受歡迎。

現在，我想教給女士們一些傾聽的技巧，希望妳們能夠認真領會。

首先，我想說的是你在傾聽別人說話時的心態問題。瑪麗．威爾森說過這樣的話：「如果聽眾對你說的話沒有任何反應，那麼相信你會因為失落而越說越糟糕。所以，簡單的換位思考後你就能想明白，最好的傾聽方式就是當別人在向你傳遞訊息時，如果你心裡有所感觸，那麼你就需要馬上用實際行動表現出來。」

其實瑪麗說的這個道理，大家應該都有切身體驗。我們可以想想，當自己正興致勃勃地和某個人談論一件事情時，卻發現他根本沒有認真聽，他的眼睛正在東張西望，身子完全傾斜在椅背上，手指不停地敲著桌子，腳胡亂抖動著。這時你的心情會是怎樣呢？假如情況完全相反，他不僅十分認真地聽你說話，身子向前微傾，眼睛很有感情地注視著你的臉，你甚至能感覺到他不時會做出一些表情以示回應，你那時的心情將有多麼愉快！

所以，當你的丈夫在對你傾訴時，請你一定要表現出對他所說的內容感興趣。對於身體姿勢或是面部表情一類的東西，在必要時我們都可以做一些小小的訓練，因為那樣會使自己變得更加靈活機敏，對你來說也是沒有壞處的。

有了充足的心態準備以後，我們就該正式學習一些傾聽的技巧了。傾聽，最重要的當然就是聽了，當然，也不是說你要一言不發。在傾聽的過程中，適當時候提出適當的問題誘導對方回答，也是傾聽一種很高的技巧。

什麼是「誘導」？所謂「誘導」就是指聽者採用詢問的方式向說者表達自己所期望得到的答案。那為什麼要用誘導的方式提問呢？這是因為你在傾聽時突然有了一些疑問，但如果你直截了當把問題提出來，會讓人覺得你莽撞無禮。誘導的方式就是通過誘導式提問，一點點地暗示和激勵對方，使你們的談話能夠順暢進行。

也許我的話讓大家不太能理解，我給大家舉個例子好了。直截了當的問法是這樣的：「這件事真棘手，真麻煩！這兩方明顯已經不可調和了，你還想用什麼辦法處理呢？」而我說的「誘導式」詢問方法則是：「我想你應該很明白，沒有什麼事是不能解決的，這件事其實也沒有想像中那麼麻煩，至少我是這樣認為的。我覺得總有辦法化解他們之間的矛盾，難道你不這樣認為嗎？」女士們，很明顯，誰都願意接受第二種方法。

最後，想讓女士們牢記的，也是很重要的一點，那就是在丈夫向你傾訴了以後，你一定要替丈夫保守秘密。很多男士其實不是不想對妻子傾訴，可是他們實在害怕妻子的那張「快嘴」。他們可不想妻子在不經意時對自己的同事說：「你知道嗎？你們經理退休以後，我先生一定會馬上坐上他的位置，他對我說過，他有這樣的能力。」結果是第二天他就被叫到經理辦公室，然後被解僱了。聰明的女士可千萬別讓你的丈夫對你連最基本的信任感都沒有。

其實傾聽的技巧遠遠不止這幾點，傾聽是一門深奧的學問。如果你真的想成為一個善於傾聽的妻子，我的建議就是做到並且做好以上我說的幾點，我認為基本也就足夠了。做一個對你丈夫工作感興趣並且在他最需要你時安靜地坐在他身邊聽他傾訴的好妻子吧，他需要這樣一個妻子。

我的一個朋友告訴我，他覺得自己的妻子是世界上最美的女人，但根據我的瞭解，他的妻子並不十分漂亮。朋友對我說，雖然妻子對他的工作一竅不通，但是他什麼都能對妻子說，甚至於一些非常專業的知識都可以。雖然他知道有時妻子並不一定能聽明白，可是看見妻子那副認真的表情，他就覺得很幸福，他認為這是世上最美妙的享受。這樣說來，我也認為朋友的妻子確實很美麗。女人能擁有一對善於傾聽的耳朵，絕對可以把她的臉龐裝飾得比希臘美女海倫還要美麗。

第4章

做稱職的女主人，編織美滿的家

一個女人，不能沒有家；一個家庭，更不能沒有女人。女人有了家，才能更幸福，家裡有了女人，才能更美滿。所以無論是為了自己，還是為了其他家庭成員，女人都要努力做個稱職的女主人。

做個討人喜歡的女主人

一次演講中，我問台下的女士，她們覺得怎麼做才能讓自己成為最討人喜愛的女主人。台下的回答很踴躍，很多女士都有自己的一套方法，有人說：「要善待自己的丈夫」，也有人說：「照顧好孩子、丈夫、長輩，做好家務，把家裡的一切打理得井井有條。」……各種各樣的說法應有盡有。我也承認，女士們說的這些條件都是一個想要討人喜歡的女人應該具備的，我也相信女士們能說出這些方法，肯定也是在自己身上做過檢驗並得到過不錯的效果。但我想說的是，就算你真的懂得上面所說的各種技巧，也真的那樣去做，但如果你沒有認識到家庭主婦的重要性，你最終也只能成為一個討人喜歡的女傭，而不是一個討人喜歡的女主人。

蘇菲和羅伯特結婚已經兩年了，在這兩年的日子裡，蘇菲真的付出了很多，她盡心盡力把家裡打理得井井有條，大家都說蘇菲是他們見過的滿分妻子，但羅伯特卻做出了一個讓所有人感到不可思議的決定，他提出要和蘇菲離婚。

最感到吃驚的當然是蘇菲本人，她根本不知道也想不出自己有什麼做得不好的地方，她哭著問羅伯特：「為什麼，為什麼要這樣對我？我究竟做錯了什麼？」羅伯特很內疚地說：「對不起，你沒有做錯什麼，你做得非常好，但我實在受不了我們現在的關係了，你的做法總讓我感覺你只是家裡的一個女傭，而不是我的妻子。」「我不明白你為什麼會這麼想？我只是在做一個家庭主婦該做的事而已……」羅伯特大喊道：「可你是這個家的女主人，這個家你同樣有決策權，你沒有必要在做任何事之前都向我報告。說真的，蘇菲，你是一個好女人，可是你卻不知道怎麼做一個好妻子，不知道怎麼做一個討人喜歡的女主人。我不需要一個女傭，我的妻子應該是一個能夠和我分擔家庭中所有事情的人。」

女士們，我寫這篇文章並不是想要告訴你們如何成為一個討人喜歡的女主人，我的目的是要讓女士們真正愛上「家庭主婦」這個職業，能明白「家庭主婦」這個稱謂意味著你是整個家庭的女主人。我想讓你知道，家庭主婦是一項非常偉大的職業，我認為你應該把全部的精力投入其中，只有這樣才能成為一個稱職的、討人喜歡的女主人。

對於這樣的現實，社會學家們是這樣解釋的：越來越多的女性認為，對於整個社會來說，女性不過是個被人們所知道但不瞭解的性別而已，基本上毫無價值可言。女人的某些才能只有在家庭環境中才能得到充分發揮，所以，「我是一家的女主人」這樣的話很多女士都不敢大膽地說出來，她們信心不足，覺得自己不過是一個普普通通、無足輕重的家庭主婦。

我真不能理解這些女士為什麼要貶低自己，每當我聽到「我只是個無足輕重的家庭主婦」這樣的話時，我會覺得很痛心，而且也很憤怒。什麼叫無足輕重的家庭主婦？難道有人還找得出一份比努力維持一個家庭的生活、盡力創造出生活中的幸福、照顧家中所有人的飲食起居、養育孩子，更對個人、家庭、社會有意義的工作嗎？我一直堅信，沒有一份工作比偉大的職業主婦更值得尊重。

女士們，能不能在別人問起你、說到你的時候，不要總是那樣怯生生地說：「我不過是一名無足輕重的家庭主婦。」你知道對於你那樣的做法我是怎麼想的嗎？在我看來，你那樣的做法就好像一個男人站在一個國際會議廳演講臺上小聲地說：「對不起，各位，我……我不過是一位美國總統而已。」你能不能這樣大聲回答：「我是某某家最討人喜愛的女主人。」我認為沒有一個人能對一個國家的總統不尊重，同樣的道理，沒人會對一個家庭的女主人不尊重。

一個名副其實的女主人，她沒有必要大費周折去學習如何待人接物，更不需要終日反思該如何做才能算得上是稱職的女主人，只要她真正熱愛家庭主婦這份職業，而且把自己真正當成這個家的主人，那麼一切都順其自然的成立了。

我可不是在胡亂瞎吹捧什麼，女士們，難道一個能夠將她全部心血和精力都奉獻給家庭的女人不應該受到別人的喜愛、不值得別人的尊重、不應該為自己感到驕傲嗎？一個真正稱職的家庭主婦需要具備這些技能：她們必須能做廚師、洗衣工、裁縫、女傭、採購員、護士、秘書、助理、會計、理財專家、生活顧問、傾聽者、總經理……當然，還有女主人。難道這樣一個偉大的職業你還覺得它普通，覺得它沒什麼值得稱讚的嗎？我可認為那些主婦們在生活中所扮演的角色遠比好萊塢女明星在電影中扮演的角色多得多，因為不光是我前面說的那些技能主婦們需要掌握，為了讓丈夫保持對自己的愛情，主婦們還需花費大量的時間和心思來打扮自己。身為男人，我真的很難想像她們到底哪來那麼多時間和精力！

可能有的女士這時會感到疑惑了，我熱不熱愛家庭主婦這個職業，跟做不做一個討人喜歡的女主人，到底有什麼意義，這一切都和自己的家庭有什麼關係？如果這個問題讓我回答，我只能說這樣做的目的只有一個，那就是讓那些家庭主婦的心裡多多少少得到一些滿足。但是女士們可千萬不要誤會，我寫這些東西可不是為了安慰你們，這樣的心理對你們的家庭是否能夠幸福美滿確實有著至關重要的作用。

有的女士還會這樣認為：作為一個家庭主婦，我確實為家裡做出了很多貢獻，但我還是沒我丈夫有本事，家裡所有的經濟來源都是靠他供給的。你真不應該有這樣的想法，是，他是在努力賺錢維持這個家，可是如果沒有你的精打細算，沒有你的勤儉持家，他會有現在這麼舒適的生活嗎？《生活》雜誌曾刊登過一篇名為《女人的尷尬》的文章，其中一組資料充分表明，如果一個男人請一個人到家中做所有主婦的工作的話，那麼每年最少要花費一萬美元以上。你又看見過哪一個老闆在辦公室既要自己打掃，又要去記帳，還要自己做文書處理。但是很多家庭主婦卻要做所有這些事情，而且比這還要多很多。難道你還認為這些都是沒有價值的嗎？

馬尼亞．法罕博士所寫的《女人！一個容易被忽視的性別》一書中寫道：「經過大量的研究表明，男人的收入能否最大限度地發揮作用，很大程度是取決於他妻子的治家本領。如果他的妻子是個治家好手，那麼那些錢就可以最大地發揮效用，相反則會白白浪費。」我真希望社會能給那些為家庭和社會做出巨大貢獻的女士設立一個「最討人喜愛的女主人」獎，獎勵那些偉大的家庭主婦們。我真的覺得，那些主婦們所發揮出的能量遠遠大於那些電影明星、社交名人甚至職業女性。

總統夫人瑪麗·艾森豪是個很稱職的家庭主婦，也是一個很討人喜歡的女主人。這位總統夫人曾在一篇名為《假如我還能做新娘》的文章中坦言，自己最崇高的信念就是「女人的天職就是做一名合格的妻子」。正是在這種信念的驅使下，總統夫人一直都在默默地做丈夫的堅強後盾，給丈夫提供最堅實的後勤保障。最後，她終於將丈夫推進了美國的最高殿堂——白宮。

女士們，一個討人喜歡的女主人對你的丈夫及他的事業，還有你們的家庭都是至關重要的。我希望你已經做好了要做一個討人喜歡的女主人的準備，並且知道自己該怎麼去做。當別人再一次問起你的時候，你一定要大聲地回答：「我是一名家庭主婦，也是一個家庭的女主人，而且是一個討人喜愛的女主人！」

在生活細節中體貼他

寫這篇文章之前，我專門到芝加哥去拜訪了一位朋友，我的這位朋友完全可算是婚姻關係的專家。他叫薩巴茲，是芝加哥一名高級法官，他辦理過很多案子，和婚姻有關的案子就有四萬件，其中有兩千多對夫妻在他的調解下重歸於好。

我問他，以他的經驗來看，什麼才是導致婚姻失敗的罪魁禍首。他的回答讓我感到很意外，他說：「戴爾，很多人都認為導致婚姻失敗的主要原因，都是諸如經濟困難、性生活不和諧、性格不和這樣的問題，可是根據我這麼多年來處理過的案子來看，雖然那些東西確實有很大的影響，不過，大多數夫妻之所以不能和睦相處，最主要的原因還是因為他們忽視了生活中的細節。我這麼說你可能不相信，但真的就是這樣，如果妻子能夠在丈夫早上出門時愉快地和他揮手道別，那麼芝加哥的離婚率將會降低很多。」

為了證實自己說的話，薩巴茲講了一個故事。一天，有一對夫妻來找他，說她們

已經決定離婚了。薩巴茲先讓他們坐下來，跟他們商討了一下有關離婚的條件，然後跟他們討論了一下各種各樣的分配問題。一陣討論之後，這對夫妻驚訝地發現，在很多事情上，他們都還會考慮對方的需要，原來他們都還很惦記和關心對方。薩巴茲對這對夫妻說：「我見過太多你們這樣的夫妻了，其實你們之間並不是沒有了愛，而是因為愛被繁忙的工作和生活中的瑣碎細節淹沒了。」一陣沉默之後，夫妻倆同時決定撤銷離婚協議。

我想這個事例足以證明，只要夫妻之間能從細節做起，那麼一段看似支離破碎的婚姻完全有恢復的可能，但遺憾的是，在現實生活中一直以「細心」著稱的女士們也很容易忽視生活中的小細節。很多女士都認為，只要把重要的事情處理好了，大方向是對的，她的家庭就能夠幸福快樂了，至於那些細節沒有必要去在意。可是女士們，你們有沒有想過，一段婚姻實際上就是由成千上萬個小細節組成的。當你忽視所有的細節，那你究竟還能做些什麼？那對於一個家庭來說將是多麼可怕的災難啊。舉個最簡單的例子說吧，當你的丈夫把身體斜靠在沙發上，蹺著二郎腿欣賞體育節目的時候，在你看來是多麼沒有修養、多麼放肆的一種行為，可其實這對他來說卻是一種很美妙的享受。

阿迪娜．米勒說：「毀滅我們幸福美好時光的並不是已經逝去的愛，實際上，正是生活中的小細節促使了愛的死亡。」如果女士們不相信我所說的，當你有空時可以去婚姻法庭旁聽，時間久了你就會發現，夫妻之間的感情往往都是被一些瑣碎的小事毀掉的。

婚姻的本質就是一連串細節的總和，如果你忽視了細節的作用，那麼就一定會發生各種各樣的問題，這也就是離婚的根源。

愛因斯坦先生一生中經歷過兩次婚姻。第一任妻子米利娃其實是個挺不錯的女人，只是她更渴望從丈夫那裡得到關愛，而不懂得給丈夫溫柔體貼，可是沒辦法，嫁給愛因斯坦是她自己的選擇，這樣的選擇就要求她必須把自己的位置擺在科學研究之後。每天只有爭吵，彼此都沒有關心和體貼的日子終於讓兩個人都到了忍無可忍的地步，最後只能選擇離婚。

愛因斯坦對他的第二任妻子愛麗莎的評價是這樣的：「以前我不懂得一個男人也是需要在小事上體貼妻子的，我認為那些事都是女人應該做的，在我看來只有科學研究才是最重要的。這樣的想法直到和愛麗莎在一起以後才發生了轉變，我的愛麗莎通過行動讓我明白，要想獲得美滿幸福的婚姻必須懂得相互體貼，而這種體貼要從小事入手。相對論雖然是我發明的，但我認為這裡面至少有愛麗莎一半的功勞。」愛因斯坦和愛麗莎走到了最後，這位善解人意、體貼入微的妻子給丈夫的感動以至於把他都改變了。可想而知她到底付出了多少。

愛麗莎真了不起，不僅讓丈夫發生了改變，而且通過自己的努力讓丈夫獲得了成功，最重要的是她親手營造了一個美滿幸福的家。一些帶有女權主義思想的女士會說了：「我們為什麼要這樣做？我們受的這些折磨並沒有什麼報酬，而且榮譽永遠都屬於男人。」女士們，是你自己選擇了這個男人，選擇了這段婚姻，現在需要你做的，並不是需要你付出生命這麼嚴重的事情，只是需要你體貼、關心你的丈夫，在一些細小的事情上謙讓他，給他最細緻的關懷。

事實上，在日常生活中最能讓丈夫感到親切和溫暖的事，正是妻子在小事上所表現出的體貼。在他出門上班前，微笑著跟他說再見；他拖著疲倦的身子回家時，為他準備好洗澡水；回到家後如果他顯得心情煩躁，那一定是工作上遇到了麻煩，不要責怪他，為他默默端上一杯熱茶或是熱咖啡。

有的女士其實也是這樣做的，可是她們的丈夫好像並不領情。這是為什麼？那我提醒你，想想你在做那些事的時候，是不是總加上幾句很不耐煩的話：「我說，熱水我早就已經準備好了，你怎麼還不去洗？」或是「要不要來杯茶？快說啊？你到底想喝什麼茶？」他那時很累、很煩，他不想說話，更不想回答你以這樣語氣提出的任何問題。

我的一位朋友的妻子對於我所說的這些就做得很好，實際上，我的很多建議、想法都是她提供的，因為我的這位朋友不止一次在我面前說過自己是多麼幸運，他的妻子是多麼「十全十美」，他曾一臉幸福地對我說：「戴爾，我真的覺得我比很多男人都幸福，即使我不比他們有錢、有地位，可是我卻擁有一位體貼入微的妻子，我現在所取得的成功和我的妻子密不可分。我覺得自己有很多話想對她說，但我最想說的是，如果再給我一次機會，我仍會選擇她，我很愛她，很感謝她。」

一段婚姻如果缺少了愛情，無論如何也不會幸福的。而在細微體貼的愛情中獲得的那種自信和幸福，是你擁有再多金錢也換不來的。

羅斯福總統經常要去各地演講，他有一個習慣，就是每次演講時總喜歡從孩子中挑選一個陪他去。羅斯福夫人為了不讓丈夫感到厭煩，也為了可以緩解他旅途中的壓力，每次總是安排不同的人，這樣小小的溫暖讓羅斯福總統感到非常高興。羅斯福夫人曾對我說過：「我丈夫總是很忙，因此有很多事情需要由我來安排。我總是盡力替他安排好生活中那些瑣碎的事情，不讓那些無謂的事情打擾他。」

古巴著名象棋冠軍兼成功外交家姚斯拉爾．科波夫拉加和他的妻子是一對令人羨慕的夫婦。我想女士們也是想像得到的，男人在事業上取得如此成就的同時，往往有很多讓人難以接受的壞習慣，姚斯拉爾也不例外，他什麼都好，就是固執得要命，不過，這並不影響夫妻倆的幸福生活，因為科波夫拉加夫人在生活中做出了很多退讓，使她的丈夫自覺地放棄了一些固執的想法，他們十分懂得相互尊重、相互關愛。

每當姚斯拉爾心情很糟糕的時候，他會坐在椅子上一言不發，這時，他的妻子總是默默地躲在一邊，讓丈夫一個人靜靜思考，她不會走得太遠，因為她知道丈夫隨時可能需要她。姚斯拉爾不是很喜歡社交活動，他認為在家裡才能真正享受生活，所以妻子寧願放棄自己喜歡的舞會，也要陪丈夫度過一個浪漫溫馨的週末。有時候，姚斯拉爾只是那麼順口一提自己都沒在意的事情，過不了多久時間，他就發現妻子已經為他做好了。諸如此類的一些小事經常讓姚斯拉爾感動不已，看到妻子對自己的付出，他也慢慢開始改變。

姚斯拉爾說：「我以前是一個很不解風情的人，讓我給妻子送鮮花、禮物什麼的，我真的做不出來，我認為那樣的事都是年輕人玩的花樣，不適合我們。有一次耶誕節前我路過一家商店，一頂漂亮的帽子把我吸引住了，當時我並沒有想這是給妻子的什麼聖誕禮物，我只是覺得這頂帽子戴在我妻子的頭上一定很漂亮，所以我就買了。回家以後，我把帽子拿給妻子，她那時的表情我一輩子都忘不了，她簡直興奮到了極點。她激動地對我說，她真的很開心，她根本不能相信一向講究實際的我居然會送她禮物。從那以後，每個節日或者紀念日我都會親自幫她挑選禮物，雖然這些禮物都不是很貴重，但卻足以讓我的妻子高興半天。」

女士們，沒有付出是不會有回報的，即使他是你的丈夫，你真的應該把外交官夫人當成你的榜樣，當你給了丈夫生活中細小的體貼，你也會從他身上得到無窮的快樂。美滿幸福的婚姻誰都想得到，女士們，我送你們一小段話，你可以把它記在心裡，也可以貼在你的床頭，每天復習一遍，也許能幫到你：從現在開始，我要認真做好每一件力所能及的事情，因為機會只有一次。當我有機會關懷別人、體貼別人，我一定要毫不猶豫地馬上行動，不能拖延，更不要忽略，這個寶貴的機會只有一次。

女士們，多體貼你的丈夫，多關心你的丈夫，特別是在生活的小細節。

創造浪漫溫馨的家庭氛圍

《家庭與婦女》雜誌曾刊登過一篇文章，裡面有一段話：「對一個家庭來說，起著最大作用的往往是女人們。女人對整個家庭起的作用超乎你們的想像，一個家庭意味著什麼這完全取決於女人，在這裡面，你的丈夫和孩子都是配角。即使你的丈夫和孩子確實對家庭同樣有義務，但是最關鍵的還是你，你是最能給他們做出榜樣的人，也是最能給他們創造出浪漫溫馨家庭氛圍的人。」

男人們都渴望有一個這樣的家庭：每天早上起來就有美味的早餐、妻子的笑臉和鼓勵，讓他有十足的幹勁去迎接新的一天；晚上回家後，忙碌了一天的身體能得到徹底的放鬆，可以舒適地享受一番。一個男人事業的成就往往和家庭氛圍的好壞有著緊密的聯繫，而家庭氛圍又與妻子們有著直接的關係。

你說你愛你的丈夫，希望他取得事業上非凡的成功，那麼你就得幫他創造一個最有利的家庭環境，一個浪漫溫馨的家庭會使他感到心情愉悅，進而就能提高他的工作效率。

要知道，不管你的丈夫是否對工作充滿熱情，他都會有感到緊張的時候，這也是妻子們很容易忽視的一個問題。所以，男人最渴望的事情就是回到家以後可以放鬆這種緊張情緒，而不是去承受另一種新的緊張情緒。

女士們，你們希望把家打理得井井有條，希望能把分內工作做好，這樣的想法我是非常理解的。只是，你們有時會不會沒有想到「過猶不及」這個道理，有時候因為你過分挑剔和嚴格，使得你的丈夫根本不能在家好好放鬆。

我記得我有一個鄰居，大家都認為她有神經病，因為她是一個對家庭要求十分嚴格的主婦。她不允許孩子把朋友帶回家玩，因為那些小孩會弄髒她擦得很乾淨的地板；她不允許丈夫在家裡抽菸，因為菸味會破壞家裡的空氣；更讓人難以接受的是，就連家裡的書刊和報紙她都要求必須絲毫不差地放回原處。她的丈夫和孩子為此都感到非常煩惱。

這讓我想起了《克拉克的妻子》這部廣受歡迎的家庭生活戲劇，它成功的原因就在於劇中那名挑剔的、愛乾淨的克拉克女士在現實生活中很常見。克拉克女士愛乾淨到了連放錯坐墊這種小事都會引起她的一陣怒吼，這真的很讓人受不了。她不歡迎朋友到家裡做客，因為她認為別人會把她整理好的東西弄亂。她那位不拘小節的丈夫簡直就是她的噩夢，因為他隨時都可能把完美的家庭環境破壞掉。

一位精神學博士這樣描述過：「妻子們總是要求一塵不染，上帝，這簡直就是美國文化中最大的迫害。」女士們一定要對這種情況有個深刻的認識，千萬不要認為這些事情理所當然。

每個丈夫好像都有一些壞習慣，他不是把菸灰弄得到處都是，就是把報紙亂丟，結果你精心收拾的成果就這樣毀於一旦。這個時候，我能想到你有多麼生氣，這種氣憤絕對可以讓你馬上站起來和他大吵一架，不過，我要提醒女士們的是，你最好把這句話「什麼是家庭？它是讓人可以放鬆的地方」多對自己說幾遍，再去決定要不要把「自私」、「愚蠢」、「笨蛋」這些詞用在自己丈夫頭上。

有了輕鬆的環境還不夠，舒適也是很重要的事情。很多家庭都是由妻子親手佈置的，當你佈置居家環境時，別忘了男人最希望得到的狀態就是舒適。很多時候，你認為非常有格調的東西卻讓你的丈夫感到受不了，這也許是性別的差異吧，男人對那些精美的小飾品、漂亮的小桌椅以及好看的紡織品根本不感興趣，他們僅僅需要一個可以放菸灰缸和報紙的地方。對於這方面的知識，女士們真應該好好學學。

一天，我去診所找我的私人醫師喬治．派克，我發現在門口候診的病人中，幾乎所有的男士都用羨慕的眼光緊盯著他的辦公室。原來喬治最近重新裝修了他的辦公環境，裡面其實佈置得很簡單，只有一張較大的辦公桌、一套寬敞的沙發、一盞明亮的檯燈，以及一組漂亮的窗簾。

我還有一位單身漢朋友羅克也很喜歡佈置自己的房間。由於工作的需要，他每年都要去很多不同的地方，所以他的房間裡全是從剛果帶來的木雕、從爪哇帶回的手工染布以及從東方帶回來的象牙等，如果他已經結婚了，我想他的妻子一定受不了這樣雜亂的房間，但事實是羅克非常喜歡這樣的房間，因為他感覺很舒適。

所以有很多男士不願意結婚，就是因為他們不願意被一個女人剝奪了享受生活的權利。

女士們，你們不要否認，事實確實如此。很多女士在佈置房間時往往忽略男人的需要。比方說，你家裡的菸灰缸到底應該放在哪裡？你可能覺得能在家裡放菸灰缸就很不錯了，還需要去想那麼多嗎？我的妻子就不會這樣想，我們剛結婚時她就一口氣買回了好幾個便宜又好看的玻璃菸灰缸，然後把它們放在樓上和樓下好幾個地方。每當有客人來時，我們總會讓他們使用這些東西，至於那些藝術品，我印象中好像從來沒用過。而我對這樣的佈置，感到十分滿意。

當你們和丈夫因為這些瑣事發生爭執的時候，你們完全可以換成他的角度想這個問題。他為什麼把報紙丟得滿地？很有可能是因為家裡的茶几太小了，或者是因為茶几上被你堆滿了其他東西。他不是不想收拾好看過的報紙，只是暫時找不到合適的地方，結果後來就給忘了。他為什麼總是把菸灰彈得到處都是呢？可能是你家菸灰缸沒有放在合適的地方。當他總是踩踏你心愛的腳踏墊時，抱怨他有什麼用呢？有精力還不如把腳踏墊換一個地方。還有他的一些小東西，你可別把它們和一些沒用的廢物放在一起，你完全可以找一個特定的位置存放。

那麼除了舒適和輕鬆以外，一個浪漫溫馨的家還需要什麼呢？是整潔！其實男人和你一樣喜歡整潔的家，雖然他們經常會「破壞」家庭環境。在這點上來說，男人確實很自私，他們可以容忍自己的懶散和凌亂，卻不能寬容別人。當他看到家裡亂糟糟的景象時，他可能一頭就鑽入酒吧、保齡球館。

我記得有個朋友跟我說過，在他結婚前曾看上一個漂亮善良的女孩，並且已經打算向這個女孩求婚了。可是當他去過女孩的房間後，馬上就打消了這種念頭。原來，這個女孩的房間就像剛剛發生過一場搶案一樣凌亂。

我們剛剛說的輕鬆、舒適、整潔都是看得見、摸得著的東西，浪漫溫馨的家庭氣氛裡面當然也不能缺少了祥和、愉快這樣看不見、只能用心感受的無形事物。這些無形的事物所能發揮的作用遠比那些有形的東西大很多。一個男人在社會上要面對的壓力是很大的，幾乎所有人都是以挑剔的眼光來尋找他身上的缺點和錯誤，所以他是多麼希望回到家以後，家裡的那位天使能讓他獲得最好的待遇，能發現他美好的一面，且從不給他增加負擔，也不會給他製造麻煩。她所要做的只是給他情感上的呵護、精神上的安慰，使他有精力去面對新的一天。這位天使就是他的妻子。女士們，學會用祥和愉快的家庭氣氛幫助你的丈夫遠離煩躁不安吧。

女士們，你們還要注意，你不是家裡的女王，你的丈夫也不是你的奴隸。你們都是這個家庭的主人，而且如果你真的很愛你的丈夫，你還應該想辦法讓丈夫覺得他才是家中的「國王」。其實這並不需要你做多大的犧牲，只需要在裝修或是添置一些新的傢俱時，先徵求一下他的意見，而不要事後才遞給他一張紙條說：「這是我們的付款單。」也許你丈夫的選擇在很多時候並不符合你的口味，但是你要知道，這個家是你們共同擁有的，為什麼屋子裡全是你喜歡的東西，而不能有他喜歡的一兩樣東西呢？在這個家裡他是有決定權的，而且這樣他就會對家有更多的依戀。

其實很多男人都很看重家，家是他們生命中的一部分，沒有家的生命對他們來說是不完整的。女士們也許不相信，其實丈夫們對家庭的關心一點都不少於妻子，只不過你們沒有察覺到而已。

我認識一對夫妻，女士是一位很有情調的人，她總是費盡心思把家裡的每個房間都裝修得非常有品味且別具風格，但遺憾的是，因為她的丈夫是一個比較不修邊幅、嗜菸如命的男人，所以她在佈置房間的時候，從不會徵詢丈夫任何意見，就算有時丈夫主動提出一些建議，也會得到她的否定。丈夫感到很悲哀，儘管他很愛妻子，但是對她佈置的環境卻無法忍受，所以每當閒暇時，他寧可和朋友一起去釣魚或是遊玩，也絕不想在家中度過，因為他喜歡和朋友在一起能完全放鬆的感覺。這位女士經常到我們家來抱怨，然而卻沒有一次想到是不是該考慮根據丈夫的想法改變一下家裡的佈置。

女士們，家務是必須要做的，但千萬不要因為盲目而使家務失去了真正的意義。作為妻子，你們做任何家務只有一個目的，那就是給家人創造一個浪漫、溫馨的家庭環境。

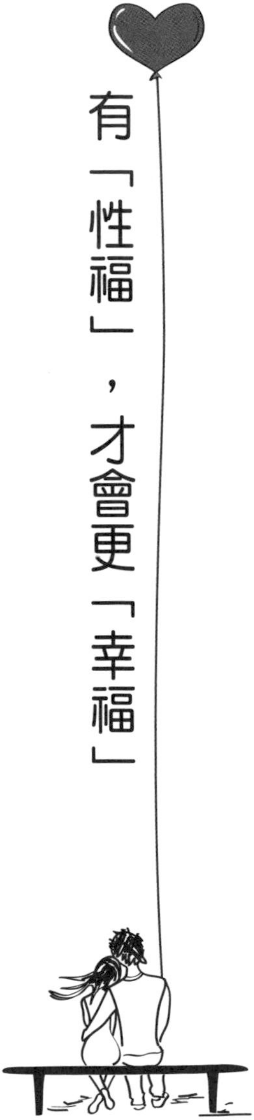

有「性福」，才會更「幸福」

美國洛杉磯家庭關係研究中心主任保羅．巴批努博士進行過這樣一個調查，他對上千對夫妻的婚姻狀況進行了研究，並總結出導致夫妻間婚姻失敗的各種原因。

美國社會衛生局總幹事大衛斯博士也曾對美國一千位已婚婦女進行調查，在調查過程中，大衛斯採用引導的方式讓被調查對象如實說出和婚姻有關的切身問題。

為什麼我要把這兩個研究放在一起說呢？因為這兩個研究結果都驚人地相似，結果顯示，性生活不協調、不愉快是導致婚姻失敗的重大原因，也是導致婚後生活不幸福的主要原因。

女士們也許會對這樣的調查結果感到吃驚，因為很多女士雖然承認性生活不和諧確實是一件讓人苦惱的事，但是導致離婚的原因還應該是嫁給了一個沒有能力賺錢的男人，或是家庭經濟實在困難得過不下去了。但是，女士們，調查結果是不會騙人的，辛辛那提家庭關係法官赫俄曼審理過數千個家庭案件，他曾經說：「在那些離婚者中，有九〇%性生活不和諧，這是一個不爭的事實。」

大衛斯博士的調查結果也顯示，在美國，一般成年人在性生活方面都不快樂，加州大學的漢密爾頓博士也通過調查證實了這種觀點。漢密爾頓博士為了得到最可靠的資料，他花費了四年的時間對全國一百名男子和一百名女子的婚姻進行了調查，他對參與調查的男性和女性分別提出了大約四百個有關婚姻生活的問題，在得到答案之後又和很多婚姻專家透徹地討論了他們的答案。最後，他終於與馬科戈文博士一起寫下了《婚姻問題的癥結是什麼》這本書。

在書中，漢密爾頓博士對究竟什麼才是婚姻癥結這個問題的看法是這樣的：「我想每位醫生都認為婚姻的不幸主要是由不協調的性生活引起的，當然，除了那些傲慢、固執、做事魯莽草率的精神病治療專家。因為調查顯示，性生活非常和諧的夫妻，在一般情況下，即使在生活中出現了很多可能導致不和諧的因素，也會一點點自然地化解掉。」

一位專門從事性研究的學者說，在英國有差不多四〇%以上的婦女都經歷過丈夫的性冷淡。英國的一家雜誌也曾通過測試表明，每天晚上都有數以百萬計的夫婦遭受性冷淡的問題。性冷淡這件事離我們並不遙遠，它讓人們一直要忍受著心理和生理上的痛苦，所以最後就會導致婚姻的不幸。

女士們，性欲本來就是人類的一種原始欲望，它本身沒有任何罪過，我們不需避諱這個話題。性是人類繁衍不息的根源，也是人類生活不可缺少的樂趣所在，一旦人類失去了這種欲望，後果真令人不敢想像。所以，哪怕你工作壓力再大，還是身體十分疲勞，都不應該成為性冷淡的真正理由，科學研究也表明，很多性冷淡的產生都並不是因為生理原因，更多的是出自心理因素。

沒有和諧的性生活，對每一對夫妻來說都是一件非常危險、可怕的事。為什麼？這還用問嗎？鞏固和加強夫妻間感情最快捷、最有效的途徑無疑就是和諧的性生活。很多夫妻婚後漸漸疏遠，出現婚外情或是離婚的狀況，大都是因為他們缺少性生活的和諧。心理學家和性學研究者們不停地強調：「性才是整個婚姻生活中最關鍵、最重要的事情。很多對婚姻關係進行過研究的人都發現，性是導致婚姻失敗的最主要原因。」「很多原本快樂的男女都是因為性導致關係破裂。」

我的培訓班上有不少醫生，他們告訴我，在中世紀時，性被視作一種禁忌，如果那時出現性生活不和諧我們還可以理解，但為什麼在如今這個有眾多書籍和教育的時代，居然還有那麼多人會因為對這種重要的人類本性的無知而導致婚姻關係破裂，甚至毀了自己的幸福生活，這真是一件很可悲的事情。

巴杜爾是一個有著十八年監理會牧師經驗的高級牧師，在這十八年裡，他為無數對青年男女主持過婚禮，後來，他毅然放棄了傳教士的職業，開始在紐約市家庭輔導服務處擔任主任，他說：「我做了這麼多年的牧師，主持了這麼多的婚禮，因此也算是一個有經驗的人，所以我這樣說不是沒有根據的：通過我的觀察發現，我認為很多青年男女對婚姻根本沒有充分的理解，他們雖然有戀愛的經歷，也有愛的存在，但實際上他們什麼都不懂。」

我有些不解地問道：「我想請問您，您所說的『實際上他們什麼都不懂』指的是哪些方面？」

巴杜爾接著說：「你知道現在的美國離婚率已經達到多少了嗎？十六％！這真是一個可怕的數字，而這一切後果最主要的原因就是因為夫妻之間性生活不和諧造成的。就我所知，很多夫妻雖然生活在一起，可是他們並不能說是真正的結婚了。婚姻生活對他們來說簡直就是一種猶如地獄烈火般的煎熬，他們還能維持現狀的唯一原因就是因為他們還沒離婚而已。」

巴杜爾先生的話確實有些道理，很多夫妻在性知識上是非常缺乏的，這當然也是導致他們性愛不能和諧的最根本原因。其實，想改變這樣的狀況並不難，夫妻之間如果能互相配合，讓性生活變得豐富多彩是完全沒問題的。只要夫妻雙方都願意去對性知識作更深入的瞭解，讓彼此擁有嘗試新鮮事物的熱情，這樣就很難使夫妻之間出現性冷淡的狀況了。性愛，顧名思義，性和愛是分不開的，這是一門高深的學問，而且必須得要夫妻雙方共同努力，使性愛達到一種良性的循環，這樣才能加深夫妻之間的感情。

女士們，婚姻就像是在蓋一棟高樓，必須經過精心的設計以及理智的計畫，才能最終達到完美。幸福的婚姻應該是快樂的，而這種快樂需要夫妻雙方共同去營造。

巴杜爾先生在做牧師時就一直希望能通過自己的努力，讓每個在他主持下組成的家庭都能幸福美滿，所以他每次在教堂證婚，總要詢問那些處於甜蜜期的新婚夫婦在婚後有怎樣的計畫。也正是通過對這些年輕人的瞭解，巴杜爾才得出那樣的結論：那些看似關係密切並且非常急於結婚的青年，並不一定就會獲得美滿的婚姻，因為他們其實對婚姻仍一無所知。

當然，在婚姻生活中，需要滿足的事情有很多，但我敢說，性是這些事中最容易滿足也是最重要的。相信我，女士們，當你們擁有和諧的性生活，生活中很多的小問題都會迎刃而解。大多數女人有一個錯誤的觀點：她們一致認為，性是男人應該主動的事情。其實不然，女士們需要放下思想中的包袱，主動學習，主動和丈夫配合，那麼一段美滿幸福的婚姻就不再是遙不可及的事情了。

也許我的話不夠權威，引不起女士們的注意，那麼下面讓我們來聽聽專家們的意見，美國性臨床研究協會經過調查研究總結出了造成性生活不和諧的幾點主要原因，他們還針對這些原因提出了一些具有建設性意義的解決方法，希望可以對女士們獲得幸福生活有所幫助：

1.造成很多人性生活不和諧的原因是因為生理上的疲勞。試想一個從事繁重工作的人，他勢必會感到身心疲憊，所以當他回家以後，除了休息，什麼也不想做，沒有心情，更沒有精力。

對於這樣的情況，解決之道就是努力調整自己的時間，儘量合理安排，不要讓自己每天都沉浸在勞累之中。在一個月裡至少要有幾天完全放鬆的日子，在這段時間裡要適當地進行休息、調整，同時還要有適度運動。

2.還有的人對性生活失去了興趣導致性生活不和諧。這樣的人很少會有性幻想，而且很可能從沒有體會過性的快感和衝動。

面對這種情況，可嘗試著看一些能夠激發情欲的書籍或電影，也許會有一些幫助。

3.不良的情緒也是造成性生活不和諧的重要原因。諸多不良情緒，如憤怒、緊張等，都會引起夫妻在性生活時產生困擾，因此很難達到性生活的和諧。這樣的情況需要夫妻雙方好好溝通，彼此之間也需要加深瞭解。

4.個人意識太強。當自己需要時就熱情似火，不需要時就冷若冰霜，其實這是很自私的做法。

夫妻雙方需要互相尊重，充分體會對方的感受，不要只顧及自己的感覺。性冷淡可謂是婚姻的「殺手」，女士們，你們一定要對自己的性生活有足夠的重視，如果你想要獲得一份美滿幸福的婚姻的話！

愛和幸福感要積極說出口

一個失去了愛，感受不到愛的人，良心和道德感都會被現實扭曲，從而發生可怕的變化。對每個人來說都是一樣，也許得不到食物會讓他餓得皮包骨，但他能因為獲得某些東西而感到快樂、溫暖；而一個得不到精神食糧的人，最後一定會崩潰。人需要愛，也只有依靠愛才得以生存和成長。

著名心理學家波爾特指出，一個普通人能說出的最正確的話就是，「誰的愛都沒有得到足夠的滿足，沒有誰能讓自己得到滿足的愛」。的確如此，每個人對愛都有著渴求甚至貪婪的追求，每個人都希望能從別人身上獲得更多的愛。

愛的威力到底有多大？我可以很負責任地告訴你們，愛的威力絕對不比原子彈爆炸的威力小。女士們，愛是一件如此神奇的東西，它能讓我們每天的生活都產生我們根本無法想像的奇蹟。難道不是這樣嗎？我不知道女士們是否有過這樣的感覺，當你真心愛一個人，你就會心甘情願、全心全意地為他做任何事，目的就是讓對方感到幸福、快樂，並幫助他獲得成功。你無怨無悔地付出愛，因為你知道對你丈夫純潔、真摯的愛會成為他努力工作的動力。

我之所以在這裡和你們大談有關愛的意義，是因為我真的希望能夠看到每個家庭都幸福美滿。當然，也不是女士們知道了愛的真諦，清楚了愛的意義就能使家庭幸福美滿。這話你可以這樣理解，如果我和你們面對面坐著，我不說一句話，沒有任何動作，沒有一絲表情，我想女士們永遠不可能知道我其實想對你們說：「親愛的女士們，我永遠愛你們，希望你們得到幸福。」

有一位詩人說過，世界上最可悲的事情是在經歷過之後才明白，自己原來已經享受過人生最寶貴的東西了，但是在當時卻全然不知。

我的老朋友基米．德爾斯離開人世時，我收到他妻子給我的來信，信裡是對我這幾年給予他們幫助的衷心感謝，而且她還和我說了很多心裡話，其中有一句話讓我感觸很深，她是這樣說的：「我真的很後悔，一直到基米死了，我也沒有告訴過他我是多麼愛他、需要他，不能沒有他。我想，他一定是帶著遺憾上路的，如果上帝能再給我一次機會，我一定會把所有心裡話都告訴基米，可是已經晚了，基米永遠也不可能知道這些了，他不可能回來了。如果時間能倒流就好，如果那些曾經有過的日子再來一次多好……」

因為他們都是我的朋友，所以我對他們的生活還算瞭解，這真的是一對很恩愛的夫妻，這是大家公認的。在別人看來，他們一直很幸福、快樂，但基米其實經常跟我抱怨，他說雖然知道自己很幸福，但他卻經常不開心，他對我說：「戴爾，我覺得自己已經很努力去做了，也覺得自己做得很好，可是我不明白，為什麼我的妻子從來沒有誇獎過我，也沒有對我說過她是否對現在的生活感到滿意。我們在一起那麼多年了，一直沒有發生過大的爭執，但我卻一點都不知道她內心的真實想法。我盡我最大的努力給她所有我能給的，但是我根本不知道她是否感到幸福。我現在居然每天都在懷疑她是否還愛我，你知道嗎？我已經有十年沒聽過她對我說『我愛你』這三個字了。」

顯然，我朋友的想法是錯誤的，大家都可以從那封信中看出他的妻子有多麼愛他。可是基米之所以會產生這樣的錯覺似乎也不奇怪，他的妻子確實從來沒有將自己的愛和幸福感表達給他，他根本不知道妻子到底是怎麼想的。

這樣的例子在我們生活週遭數不勝數。美國兩性心理學專家德俄曼和他的同事一起對一千五百對已婚夫婦進行了調查研究，在他們的調查報告《婚姻的毒藥》中這樣寫道：「在美國，性格粗野、嘮叨、挑剔、性冷淡是導致夫妻間出現不合的罪魁禍首。然而，讓我們也感到意外的是，導致美國夫妻婚姻出現問題的第二大原因竟然是妻子不知道該如何向丈夫表達自己的愛。」

德俄曼的觀點和我是一樣的，我也認為愛是促使丈夫努力工作、獲得成功的主要動力。當然，這是有前提的，前提就是必須讓丈夫得到愛的信號。當你的丈夫不能從你那裡得到明確的資訊時，他們就會開始懷疑你是不是沒有他想像中那樣愛他，並且開始對自己付出的努力產生懷疑，甚至因此失去了奮鬥的動力。更嚴重的結果就是他們開始懷疑自己付出的愛是否值得，從而影響你們的夫妻關係。

很多男士都覺得鬱悶，因為他們不知道該怎麼辦，不知道該怎樣做才會讓妻子向他表達從未向他表達過的愛和幸福感。他每天那麼努力工作，他為這個家庭所付出的一切不就是為了可以使他的妻子幸福快樂嗎？可為什麼不管他多努力，不管他怎麼拼命，不管他怎麼盡力討好妻子，還是得不到妻子一句真真切切的肯定。於是他們開始難過了，開始想要放棄了，他們不知道自己和妻子的愛情到底還能持續多久，他們也不想再花費時間和精力去維持一段模糊的愛情了。

我也想不明白，為什麼女士們在丈夫丟掉了工作、染上了重病，甚至被關進監獄之後，也能堅強地生活下去，而且還能夠不斷地給丈夫幫助和鼓勵。但為什麼在平平靜靜的生活中，她們就不能和丈夫說一句：「你在我心中永遠是最重要的，我永遠愛你，正是因為你，我才有了如今的幸福。」也許真的是因為女士們不知道這句話在男人心中佔有多大的分量吧。

芝加哥大學婚姻關係研究博士塔爾．博蘭特曾經說：「女人們實在不應該把所有的注意力都放在自己身上，這樣做確實有些過分，太自私了。這一類的女士往往很少願意把自己的愛分給別人，即使有，也非常少。」

斯勒西．迪克斯也是一位在婚姻關係研究界很有名的專家，對於這個問題他有精闢的見解。在一次演講中，他是這樣說的：「很多女人總是在不停地抱怨自己的丈夫，你太不能理解我了，你都沒有注意我今天穿的新衣服，你很久沒有讚美過我了，你總是認為我所做的一切都理所應當……我不否認這樣的現象確實存在，但我不知道女士們有沒有注意過，當你在抱怨的同時，你們對丈夫的態度也是很冷漠的。我只能說什麼都是相互的，你的丈夫之所以會那樣對你，你也應該反思一下自己是怎麼對待他的。仔細想過之後，也許你就能明白，為什麼男人會對那些善於甜言蜜語的女子很重情，而對他們任勞任怨的妻子視而不見。要知道，渴望愛的不只有你們，男人也同樣渴望。」

女士們，在要求丈夫理解你們的同時，難道就不能也去理解男人的苦衷嗎？曾經有人將夫妻之間這種冷淡的愛情關係巧妙地比喻為「婚姻精神食糧不足」。的確，男人不僅僅是靠物質生存下去的，事實上，他們更渴望得到一塊愛的蛋糕，並且需要你們在上面加上一些甜甜的奶油。所以，女士們，當你明白男人這種對愛的渴求心理後，不要害羞，也不要再苛求，大聲地向你們的丈夫表達出你的愛和幸福感，這會讓你的家庭變得幸福美滿。

當丈夫有了婚外情

女士們，當你們的情感遇到風波時，可千萬不能掉以輕心，那很有可能是你們婚姻快要走到盡頭的預兆。所以，我建議女士們都練就一雙慧眼，當你的婚姻出現問題，你能在第一時間發現，從而做到防患於未然。

洛克太太最近對洛克先生的表現很滿意。以前，洛克先生是個不拘小節的人，總是要在她三番五次地催促下，他才會考慮是不是有必要換襯衣，整個人都顯得很邋遢，但是自己卻全然不知。洛克太太不知說過他多少次了，但是都沒什麼效果，她也就不再說了。可是最近很奇怪，洛克先生好像變了一個人似的，突然開始注意起自己的儀表來，不僅很自覺地兩天換一次襯衣，每天早上，洛克先生還會精心打扮一番，連皮鞋也擦得很亮。洛克太太認為洛克先生肯定是覺悟了，稱讚丈夫說：「我親愛的丈夫終於變成一位紳士了。」

就在洛克太太暗自高興時，洛克卻突然提出要和她離婚，原因是他愛上了一位名叫瑪麗的年輕女士，並打算和她結婚。洛克太太這時才恍然大悟，原來自己丈夫前一段時間奇怪的舉止都是情感風波來臨的預告。

其實不止是前一個月丈夫開始注意自己的外表，還在前幾個月，洛克先生的工作似乎突然忙了起來，不但下班時間一天比一天晚，公司還經常要求他在節假日加班或者突然來個臨時會議。不僅如此，洛克先生還需把做不完的工作帶回家，晚上他經常會和合作公司的「老闆」商議合同項目。工作多了，應酬自然也就多了，洛克先生的錢包也經常空空的。

善良的洛克太太還對此很擔心，她認為丈夫實在是太辛苦了。為了做一個好妻子，她不僅容忍了丈夫對她的挑剔，更原諒了丈夫對她的不耐煩，洛克太太心想，他是因為工作壓力太大了才那樣的，所以就算他們已經有三個月沒有過性生活了，她卻從來沒有主動要求，她知道丈夫太累了。

洛克太太現在終於明白，丈夫所謂的「忙」，其實是在和情人約會，注意形象也是因為他遇到了情感的第二個春天。只是，現在一切都晚了，已經不可挽回了，一切都結束了。如果，我是說如果，洛克太太對自己丈夫的這種「出軌行為」有所察覺並採取相應措施的話，也許結果不至於變成這樣。

當然，像洛克太太這樣「笨」的女士我想現在也不多，女人們總能在第一時間發現丈夫的出軌行為，而且很多女士在發現丈夫有不忠行為之後，都會採取羅妮女士的方法：

敏感的羅妮女士最近總覺得丈夫有些不對勁，回家晚了，衣服香了，面色也紅潤了好多。種種跡象顯示，丈夫有問題！為了證實自己的猜想，羅妮學起電視裡那些「偵探」的模樣，開始了對丈夫的秘密調查。經過她夜以繼日的跟蹤，她發現丈夫真的在和一個漂亮女士約會。這下可不得了，羅妮開始質問丈夫，開始檢查他的電話，開始控制他的錢包，更過分的是，命令丈夫每天都必須按時回家，而且還要丈夫交出詳細的日常行蹤表。最後，羅妮甚至跑到丈夫的公司大哭大鬧。終於，丈夫忍不住了，堅決要和羅妮離婚。

丈夫提出離婚時，羅妮幾乎都要發瘋了。她像個潑婦一樣大罵丈夫是個沒心沒肺的負心漢，甚至還威脅丈夫說，如果丈夫離開她，她就去死。羅妮的丈夫剛開始一直保持沉默，隨著羅妮越來越過分的語言和動作，他實在忍不住了，大聲喊道：「那你就去死好了！本來我還覺得有些對不起你，但現在我覺得我做了一個這輩子最正確的決定。要我和你這樣的潑婦在一起生活一輩子，還不如讓我去死。我現在一刻也不想和你在一起了，再也不想和你有任何的糾纏。」

我想很多女士多少都能從羅妮身上看見自己的影子，也都對她表示深深的同情。可是你們有沒有想過，這樣的結果也是因為她自己浪費了能夠挽回一切的機會。是她把自己從一個讓人同情的妻子變成一個令人生厭的偵查員，這使得他們本來就已經枯燥的生活變得更加令人厭煩。羅妮的錯在於當丈夫不再忠於自己時，沒有想辦法讓丈夫的心回到自己這邊，而是採取控制其身體和行為的方法來約束丈夫。也許這樣的方法能起一時的效果，但卻不能挽回丈夫的心。

其實女士們，在你們開始婚姻生活之前就應該想到，婚姻並不保證是愛情的幸福結局，而是一場挑戰和競爭的開始。聰明的女人不害怕競爭，更不會輕易認輸，因為她們知道該如何去贏得這場戰爭。只有那些笨女人，才會試圖通過緊盯丈夫行蹤或是通過大吵大鬧、威脅的手段來迫使丈夫回心轉意，其實這些方法都是最拙劣、最愚蠢、最無效果的方法。

當我們遇到情感風波時，首先要做的應該就是自我反省。很多女士在知道丈夫有外遇之後，總是大哭大鬧著把所有責任都推給另一半。在她們看來，丈夫不管出於什麼理由，不忠於妻子就是天大的錯誤，就是不可原諒的。其實，有關部門做過調查，他們對五百名有過出軌行為的男士進行訪談，發現其中因為自己「花心」、「好色」引起出軌現象的只有很少一部分人，剩下大多數男士都是因為妻子不能使他們獲得家庭的溫暖。所以，女士們實在有必要反省一下自己，嘮叨、抱怨、無禮、喋喋不休等缺點是不是你都具備。當你發現自己真有這些問題，那麼我勸你還是馬上改正，如果你還試圖挽回丈夫的心的話。

當你把自己所存在的問題都改正了，你就可以採取一些方法來「控制」另一半，當然，可不是上面說的那些只能讓事情越來越糟的方法。一個女人想要將丈夫留在身邊，應該運用的是丈夫對你的愛，而不是丈夫對你的怕。一個懂得處理婚姻風波的高手，要善於利用「欲擒故縱」的技巧，哪怕到了最緊要關頭也不例外。

娜莎有天一個人在逛商場時差點暈倒了，因為她看見深愛的丈夫被另一個女人挽著手走在她前面，娜莎心痛得不能言語，但她還是用理智控制住了衝動。她沒有馬上和丈夫攤牌，也沒有和丈夫發生任何爭吵，回到家後，她還是像往常一樣，把飯做好，把洗澡水放好。其實娜莎的丈夫在商場也看見了妻子，他回來也是鼓起了莫大的勇氣，做好了接受一切結果的準備，可是回來後妻子像什麼都沒發生過一樣的表現讓他很疑惑。

晚上要睡覺時，丈夫實在忍不住了，就問娜莎：「我今天看見你了，我也知道你看見我了，你不想問點什麼嗎？」娜莎很平淡地說：「我在等你跟我說啊，我想也許你是想等這件事處理好了再告訴我吧？」丈夫很不好意思地說：「我……對不起，娜莎……我不知道……」娜莎笑了笑：「別說對不起，你還沒有想清楚就再考慮幾天吧，不管你做什麼樣的決定，我都會尊重。知道嗎？我剛看見你們在一起的時候，我覺得自己都快要暈倒了，真的很難受，但是我冷靜一想，也許我也有錯吧。所以我不想多說什麼，我尊重你的選擇。」

幾天以後，娜莎的丈夫回到家告訴她，自己已經和那個女人徹底斷了聯繫。他說，這幾天他想了很多，最後的結果就是，他不能讓這麼愛他的妻子傷心，而且他也發現自己不能也不願離開娜莎，他還是很愛她。

這樣處理婚姻風波的方法簡直可以說是完美。我還清楚地記得，當娜莎在培訓班課堂上講完這個故事以後，在場的所有女學員都鼓起掌。娜莎「欲擒故縱」這一技巧的運用的確是個典範，不僅完美地解決了所有問題，還將丈夫留在了身邊。

當然了，這樣的小技巧還有很多，我也不可能一一給大家說明，另外再給大家說一兩個吧，更多的技巧需要女士們自己去發現、探索。

有句話叫「距離產生美感」，有的時候就是因為你和丈夫之間的距離太近了，所以才導致丈夫對你厭煩，讓他想在外面尋求刺激。面對這樣的情況，女士們應該怎麼做呢？我的建議是找一些自己喜歡做的事或是讓自己忙於工作，反正就是儘量拉開你和丈夫的距離，這樣你的丈夫就不會有厭倦感了。還需要注意的是，因為兩個人在一起時間長了就很容易失去美感，所以女士們要隨時隨地注意自己的打扮，讓丈夫覺得有新鮮感，從而不會想著去外面拈花惹草。

最後，我還想送給女士們兩個留住丈夫心最有力的武器，第一個就是他對家庭的責任感，第二個就是他對你的愛。用你們的孩子去喚起丈夫的責任感，一個成熟的男人懂得什麼叫責任，責任可以讓他恢復理智。如果你覺得利用孩子還多少有些「脅迫」的味道的話，那就試試第二個武器吧，用你的愛喚起他的愛，這絕對是完全真心實意的。你們一定有過最美好的戀愛時光，用那些事情勾起男人對你的愛無疑是最佳的方法。

會理財，理出幸福的家

澳洲一家銀行這樣奉勸他們的客戶：「存款意味著在你增加收入時提醒你應該怎樣合理地利用它們。」美國一家公司的理財顧問斯泰博頓先生也說：「對於很多人來說，收入的增加並不代表生活的改善，因為這僅僅表示他們有更多的地方需要開銷。人們大多不能真正理解金錢的含義。」

很多女士都認為家庭理財是一件很簡單的事，根本沒必要學，這好像是家庭主婦們天生就會的事情。其實不然，一位有名的心理學家在他的著作中寫道：「所謂家庭理財，其實就是有錢你就多花，沒錢你就少花。」這是一句很有哲理的話，看起來十分簡單，但做起來其實卻相當困難。對於一個家庭來說，毫無節制地胡亂花錢，讓雜貨店、麵包店以及肉店等商家都有權力分享你的家庭收入，這確實是一件可悲的事情。

所以，一個稱職的家庭主婦必須學會如何有計劃地控制家庭花費。那麼首先，你需要學會的是預算，你還得明白一件事，計劃日常開支並不是給自己加一些束縛，更不代表需毫無意義地對你所花的每一分錢做一本流水帳。實際上，這是一種目的性很強的規劃，是為了讓你的家庭可以最有效利用家庭收入的做法。你想讓自己的家庭生活富裕？想要使自己的養老有所保證？想要很好地解決孩子的教育費用或是實現你夢想中的一趟旅遊？我敢保證，當你真正理解如何進行家庭預算，那麼這些目標就很容易實現了。一份成功的家庭預算將會告訴你很多資訊，比如有哪些沒必要的地方可以刪減，以便使其他一些必要的開支可有來源。

所以，如果女士們以前從沒做過家庭預算，那麼現在真的應該補上這一課。至於一名家庭理財專家究竟該如何培養呢？其實很簡答，向銀行尋求幫助。美國的很多銀行都設有家計預算諮詢服務處，你需要做的就是這麼簡單，去銀行請教一下專家，聽聽他們給你的家庭預算計畫。

當然，還有很多辦法可以幫助你。《婦女時代》雜誌會告訴你如何把一件舊衣服翻新、如何自己製作出既美味又廉價的菜肴，有時甚至還會教你怎樣親手製作傢俱。你還可以花二十美分從全國公益委員會那裡購買一本精美的小冊子，上面對你該如何支配你手上的金錢、該怎樣進行保險投資，以及該如何進行賒賬消費這些資訊寫得簡單明瞭。

當然了，我相信女士們也不會笨到機械地讓自己的家庭去適應那份印好的預算計畫表。我想你們肯定也知道每個家庭的情況都是不一樣的，適合別人的並不一定適合你，你的家庭經濟問題是獨特的，所以那份計畫書也許並不適合你，你需要先弄明白你們家的收入及支出情況。

如果女士們相信我，那麼就請看看我下面給大家的一些建議，或許能對你的理財計劃有一些幫助。

在準備進行預算的最開始，女士們可以嘗試著把家庭所有開支都記錄下來，時間不妨設定為三個月。這一點是很重要的，因為只有這樣才能讓我們知道到底把錢花在哪裡了，哪些錢是必須花的，哪些錢是不應該花的，還有哪些錢是應該花的。只有我們明白錯在哪裡，才能知道如何改善現在的狀況。

我的陶樂絲就是一個理財高手，雖然我們一直是用支票購物，但她仍然喜歡把所有的花費都做出一個詳細的表格，然後在每年年底做一個總結。她的這種做法使我們可以清楚地知道在過去的一年裡，我們在飲食、燃料、水電以及娛樂等方面究竟花費了多少，也能讓我們及時瞭解到，導致我們家庭支出增加的原因是什麼。

我有一對夫妻朋友，就在我的建議下用過這個方法，事實再一次證明這是一個很有效的方法。他們在對自己的家庭生活開支進行了詳細的記錄後發現，並不是酒徒的他們每個月竟然要花掉七十美元買酒，後來他們找到了答案，原來喝掉這七十美元的不是他們，而是那些愛喝酒的朋友。因為習慣性地覺得家裡應該有點酒用來招待朋友，所以他們家幾乎成了朋友們的免費酒吧。從那以後，夫妻倆明智地做出決定，以後不再把自己的家當成不定期開放的免費酒吧了，這樣一來，他們每個月就可以省下七十美元去做他們喜歡的事情了。

說到這裡，我想我應該教給女士們一些制定預算計畫的方法了。首先你得拿出一張紙，一支筆，然後列出這一年中的必須開支。比如房租、食物、水電費、煤氣費、保險金等，接下來，你再開始計畫其他一些必要開銷，比如醫藥費、交通費、電話費和交際費等。

不過這真的是一件說起來容易做起來難的事情。你不僅需要得到家庭的支援，還得有堅定的信心和決心，更重要的是，你必須增強自己的控制能力，不能讓自己被其他一些東西誘惑。人都有欲望，這不奇怪，女士們總有很多自己想要的東西，可現實就是很難將它們都買下來。所以，你就將面臨選擇，這樣的選擇對女士們來說不免有些殘忍，但沒辦法，你必須得選擇。一件貂皮大衣和一台洗衣機，你會選擇什麼？一件精美的首飾和一件華麗的衣服，你會放棄什麼？沒人能幫你，這一切都要你自己來決定。這時一張精美的、詳細的、印製好的家庭預算表對你其實並沒有太大的意義。

女士們，想知道家庭理財課程中立於不敗的法寶是什麼嗎？有了這個法寶我能保證你不管在什麼時候都可以生活得很富裕。想知道嗎？那就是每個月都要將你家庭收入的十分之一儲蓄起來。

我的培訓課上就有一個運用這個法寶的女士，她和丈夫都是普通的小職員，但就是因為這個法寶的作用，如今他們已經有了自己的大房子和富裕的生活。她也對我講過，其實這是一件很難堅持的事，但她和丈夫都是節儉且定力很強的人，為了實現自己的計畫，他們寧願過幾天忍饑挨餓的日子，也不會去動那十分之一的積蓄。她還說，在經濟大蕭條時所有的錢都「縮水」，哪怕買一卷衛生紙也要精打細算，丈夫為了不去動那十分之一的積蓄，每天都要走九個街區上班。他們也曾想放棄，不過還是堅持下來了。現在他們知道自己做得很對，因為正是有這樣的堅持，他們有了後來的成果。

你即使真的做不到每個月存下十分之一的薪水，那至少也應該讓自己的手裡有一定的可流動資金。專家們的意見是：手中最少要有一到三個月的收入存款，以備應對不時之需。不過，存錢千萬不可勉強，與其一個月一口氣存下二十美元，還不如每個星期存下五美元。

在女士們進行這些計畫前還要做一件事，那就是徵得全家人的支持，因為你是在幫家庭理財，也就是說你做的所有計劃需要每個家庭成員一起來執行。而就算你們是一家人，對錢的態度也肯定不會是一樣的，這時就需要女士們發揮協調能力了。可別出現你把計畫安排得好好的，可家裡人沒有一個是按你的計畫去做，那樣就失去效果了。

最後，我想說的是，女士們可不要認為保險公司是一隻會騙取你錢財的怪獸，實際上它對你和你的家庭有著非常重要的意義。你真的有必要瞭解一下保險。一旦家庭出現什麼變故，至少它會對你負責，讓你不至於因為無助而感到苦惱。

女士們，學會家庭理財的重要性我不想再一次強調了。「美滿幸福的婚姻是需要溝通的，而在溝通的事項中，家庭收入的分配問題是最重要的。」這是《打造成功婚姻》書中的一句話，相信聰明的女士們一定會學會如何合理地、高明地安排和處理家庭收入，因為她們知道這是建立幸福美滿家庭的一門必修課。

做一位稱職而成功的母親

小朵娜．戴爾．卡內基來到了我和陶樂絲身邊的時候，當時那種激動、興奮的心情至今我還記憶猶新。我想，任何一位初為人母的女士都能理解我當時的感覺，因為那個小生命是我和另一半的愛情結晶。

記得我小時候，和所有孩子一樣不能理解父母的很多行為，更想不通他們為什麼要那麼嚴厲地對待我們。直到我當了父親，我才明白了父母的用心良苦。父母之所以那樣做，其實是在履行上帝賜予他們的天職，他們必須得辛勞地教育自己的後代，並把他們撫養成人。

一對戀人從相識、相知，到相愛、相依，當他們最終走進婚姻的殿堂之後，就會出現他們愛情的結晶。一個新生嬰兒不僅代表了一個新生命，他更是這對戀人愛情的見證，也同時代表了他們的希望，所以，撫養和教育孩子就成為夫妻雙方義不容辭的責任和義務。又因為男人需要在外操勞，所以更多時候，撫養、教育孩子的重任就落在了母親肩上。對於一位母親來說，給孩子創造出一個良好的成長空間，給孩子關愛，並在點點滴滴中關注他的成長，使他成為一個不一定優秀，但一定健康快樂的孩子，並且對社會有所貢獻，那麼你就已經取得了最大的成功。

陶樂絲曾經對我說，她認為養育孩子是母親與生俱來的職責，所以她覺得母親是世界上最偉大的人。我同意陶樂絲的說法，一個母親對孩子、對家庭以及對社會所做出的貢獻是誰也比不了的，因為她們為社會培養了新的生命。

母愛是世界上最偉大的東西，也是最能彰顯人性的。社會學家盧卡爾．帕門德曾經在一次演講中說過：「教育子女是母親必須履行的義務，同時也是能給母親帶來最高榮譽的事情。應該說，所有的母親都會把自己的愛毫無保留地奉獻給子女，而且這種奉獻是無所求的。如果一個家庭只有兩塊麵包的話，那麼母親一定會把一塊留給丈夫，另一塊留給孩子。」一個女人可能自私、自利、吝嗇、貪婪，甚至邪惡、狠毒，但她絕不會虐待自己的孩子。對女人來說，孩子比自己的生命更寶貴。

那麼，一個母親的權利和義務究竟有哪些呢？其實也就是兩方面，一是撫養，另外是教育。但很多女士都把主要精力放在撫養這件事上，從而忽略了教育的重要性。青少年家庭董事會秘書華茲先生曾在一次討論會上說：「導致青少年犯罪的主要原因之一就是缺少家庭教育，特別是來自母親的正確教育。」

幾年前，我去過一家少年教養所，那裡有很多因為沒有得到良好教育而走上犯罪道路的少年。我採訪過其中一位，我問他家裡是如何對待他進少年教養所的，他告訴我，他進來以後，給母親寫過很多信，說自己在這裡學了很多東西，並且已經把自己的外表改變了很多，可是母親的回信讓他的心情跌到了谷底，他的母親說，她對他說的這些並不感興趣，說這個世界上沒有比少年教養所更適合他的地方，讓他什麼也別想，老老實實在那裡待著，因為只有在那裡他才能受到管教。

我對這位有著這樣一位母親的孩子感到深深的同情，於是我問他是怎麼進來的。他說在他很小的時候，他的母親就教他如何趁商場服務人員不注意時偷東西。他十歲時由於好奇而學會了抽菸，他的母親知道後很高興地誇獎他說：「看看，我的孩子已經像一個男子漢了。」上學時他經常和班上的孩子打架，每當父親告訴他打架是一種很不好的行為時，母親就會在一旁對父親說：「難道兒子要像你一樣當個被別人欺負的窩囊廢才好嗎？」這位少年就在母親的潛移默化中一點一點地改變著，最後因為攔路搶劫被送到了這裡。我想，如果當時那位母親能夠正確地教育孩子，這個少年肯定不會變成現在這樣。

據調查顯示，如果母親是個吸毒者，那麼她的孩子要遠比那些非吸毒者的孩子染上毒癮的機率大得多，因為母親疏於管教，這些孩子將非常容易走入歧途。我曾經對五百個來自單親家庭的孩子進行過調查，發現失去母親一方的孩子很容易沾染上各種惡習。美國青少年犯罪研究專家迪勒斯．卡布克說過；「大多數青少年犯罪者都缺乏良好的家庭教育，這和他們的母親有著重要的關係，所以我一再強調，教育子女是母親責無旁貸的事情。」

有的女士也許要憤憤不平了：「為什麼把所有的責任都推給母親？教育還是應該是夫妻共同的事情，難道父親就沒有教育的責任嗎？」當然，父親的作用同樣很重要，但那不是我們現在談論的話題。和父親比起來，母親的優勢顯然多很多，所以我們還是會認為母親能更好地教育孩子。

中國有句古話「虎毒不食子」，意思是說老虎雖然狠毒，但是也不會吃掉自己的孩子。我覺得這話說得非常有道理，我們經常會聽說某個男人為了自己享受而拋棄妻棄子，卻很少聽說有女人會輕易地拋棄自己的孩子。與男人比起來，女人的確更疼愛孩子，這不是說女人天生比男人善良，這是因為女人天生擁有母性。

我想每位女士都很清楚，孩子與母親在一起的時間要遠多於男人，所以孩子受母親的影響自然也是最大的。一個母親對孩子的影響到底有多大？曾經有人做過實驗，對一百對母子做了調查，發現他們之間有著驚人的相似之處。孩子經常會把母親的口頭禪掛在嘴邊，母親的習慣動作也經常發生在孩子身上，當一個母親不怎麼受人尊敬時，她的孩子往往也得不到歡迎……引起這種現象的原因就是由於母親與孩子相處的時間比較長。一位母親在不經意的情況下都能對孩子產生如此大的影響，更別說她對孩子進行有目的的教育了，所以，母親在教育孩子這件事情中確實扮演了一個很重要的角色。

當然了，這也是和生理、心理上的特點有關的，因為孩子心智不成熟，所以很難對所遇到的事情做出正確判斷，這就要教育孩子需要有耐心和細心，女性的心思相比男性天生就更加細膩，很多男人在教育孩子時不是脾氣暴躁就是沒耐性，總是很容易放棄；但女人就不同，她們更容易接受眼前的現狀，還可以不厭其煩地對孩子進行教育。一個孩子在心理尚未成熟時，如果沒有人能夠耐心地對他進行教育，那麼他很容易被錯誤的思想、事物所影響。所以，和男人比起來，女人在教育孩子方面更具優勢。

女士們現在一定很自豪，心想：「我同意你所說的，戴爾，從現在開始，我一定會好好教育我的孩子。」這想法肯定是好的，但你有沒有想過具體的方法呢？你要怎麼去教育孩子？教育孩子僅僅有熱情是不夠的，你還得用理智的頭腦去看待這個問題。

母親對孩子的影響是潛移默化的，一個母親如果自身沒有好的修養和素質，她的孩子在大部分情況下是不會比她好到哪裡去的。所以，作為一位母親，應該注意自己的一言一行，要知道，你的言行很可能成為孩子模仿的對象，哪怕你真的沒有那麼高的修養和素質，在孩子面前你就是裝也要裝出來。我知道這很難，但是為了你的孩子，我相信女士們一定能做得到。

在對待孩子的態度上，我們到底應該嚴厲還是縱容呢？因為孩子們自制力往往很差，所以嚴厲是一件好事。但嚴厲也需要有個限度，如果超過這個限度，孩子們很容易產生反叛心理，而且很容易讓孩子感覺不到家的溫暖，時間一長，孩子甚至會患上憂鬱症。當然，也不能對孩子過分縱容，有的母親錯把溺愛當疼愛，孩子的任何要求她們都會想辦法滿足。雖然這的確能體現出你對孩子的愛，但這樣孩子很容易養成驕橫的性格，這對於孩子來說是沒有好處的。

當孩子頑皮、不聽話惹你生氣時，千萬不要用體罰作為懲罰的手段，這是一種最錯誤的選擇。體罰不僅會對孩子生理上造成傷害，更重要的是會給孩子心理留下陰影。事實上，只有那些最無能的母親才會選擇體罰這種粗暴的方法。

女士們，你們只需發揮母性就能做好這件事，你們要在細節中體現出你對孩子的關懷，因為孩子們往往會對一件很小的事情印象深刻。當然了，也別讓你過分的「關懷」使自己本來的好意變成了嘮叨和嚕嗦。願你們都成為一名稱職而成功的母親。

智慧系列A10

幸福人生，很容易
——成功學大師卡內基寫給女人的快樂魔法書2

金塊文化

作　　者：戴爾．卡內基
編　　譯：亦辛
發 行 人：王志強
總 編 輯：余素珠
美術編輯：JOHN平面設計工作室

出 版 社：金塊文化事業有限公司
地　　址：新北市新莊區立信三街35巷2號12樓
電　　話：02-2276-8940
傳　　真：02-2276-3425
E-mail：nuggetsculture@yahoo.com.tw

匯款銀行：上海商業儲蓄銀行 新莊分行（總行代號◎011）
戶　　名：金塊文化事業有限公司

總 經 銷：商流文化事業有限公司
電　　話：02-2228-8841
印　　刷：大亞彩色印刷
初版一刷：2016年5月
定　　價：新台幣220元

ISBN：978-986-92883-2-3 (平裝)
如有缺頁或破損，請寄回更換

團體訂購另有優待，請電洽或傳真

國家圖書館出版品預行編目(CIP)資料

幸福人生,很容易：成功學大師卡內基寫給女人的快樂魔法書. 2 /
戴爾.卡內基著；亦辛編譯. -- 初版. -- 新北市：金塊文化, 2016.05
面；公分. -- (智慧系列；A10)
ISBN 978-986-92883-2-3(平裝)
1.成功法 2.生活指導 3.女性
177.2　　105006451

金塊文化